「自分」を仕事にする生き方

はあちゅう

幻冬舎

「自分」を仕事にする生き方

はじめに

「個人の時代」だと散々言われるようになったけれど、それは夢を叶える才能がある人だけに関係のある話だと思っている人が、まだまだ多いのではないでしょうか。

自分には、夢を現実にする行動力も自信もない。そもそも自分の夢が何かよくわからない。だから、いくら「個人の時代」なんて言われたって関係ない。一部の人には有利な時代がきたのかもしれないけれど、「個人」で生きていける人なんてまだまだ一握りでしょ？……そんな風に思っている人は少なくないと思います。

「好き」を仕事にしろと言われても、そもそも自分の「好き」がよくわからないし、ただの好きを夢にしていいのかどうか悩んでしまったり、夢がない自分に対する劣等感が誰かへの嫉妬に変わってしまったり、ますます自己嫌悪に陥っている。

……そんな毎日に悶々としている人がいたら、この本はまさにあなたのための本です。

夢がなくたって大丈夫。あなたにはこれまでの人生でつくり上げてきた「自分」という武器があります。自分を仕事だと思えたら、好きなことも自然に見えてくるし、自分のことが今より好きになれる。そうしたら、人生が楽しくなります。

この本の中には、あなたが他の誰でもない「自分」のままで生きていくためのヒントをたくさん書きました。

読み終わった瞬間のあなたは、絶対にわくわくしています。なぜなら、あなたはもう「自分」という人生で最大の価値を手にしていて「自分」は離れていかないから。

自分という最大の資産をもっと有効活用して、より楽しく、より豊かに生きていこうというのがこの本のテーマです。つまり、あなたが自分の価値に気づくための本です。

ちなみにこの本は「強く願えば夢は叶う！」というタイプの自己啓発本ではないので、お気をつけください。はっきり言いますが、強く願ったところで夢は叶いません。地震が起きませんようにといくら願っても地震はくるし、戦争だって起こるし、大切な人も自分もいつか死にます。とことん現実的な本です。

この本で夢を叶えてあげることは出来ませんが、夢を叶えるために大切なことに気づかせてあげるところまでは出来ると思います。

私がこれまでに自分の人生を使って考えてきたこと、気づいたことはすべてこの本に書きました。私のこれまでの人生を、あなたの人生に役立ててもらえれば本望です。

「自分」を仕事にする生き方　もくじ

1

自分のすべてを有効活用しながら楽しく、無駄なく生きていく。

↓自分の中に埋もれた好きを見つける方法

2
仕事は、自分が生きやすい世界をつくるためにある。
↓好きなことをお金に換える方法

5 あたりさわりのない、いい人のままで終わらない。

↓人を惹きつける方法

6 こだわりも熱意もない仕事はただの作業だ。

↓信頼を得る仕事のやり方

7 誰だって不安とともに生きている。

↓頑張れない時の身のこなし方

8 自分を仕事に。生きることを趣味に。

↓人生をフルに楽しむ方法

1

自分のすべてを有効活用しながら楽しく、無駄なく生きていく。

↓自分の中に埋もれた好きを見つける方法

「主婦」を仕事にする人がいてもいいと思う

小さい頃から、私の夢は作家でした。2歳の頃にはもう「本を書きたい」と母に言っていたそうです。心理的にも物理的にも「書くことが仕事になる」のは、もっともっと先ですが、自分の人生をすべて本にしたいということは、物心ついた時からずっと思っていました。

作家以外の夢を持ったことはないのですが、メディアに出ることには漠然とした憧れがありました。メディアに出るような有名人にならないと本は出せないと思っていたこともありますが、テレビやラジオや雑誌では、有名人がオフの時にあったことをネタにしているのを見て、人生をフル活用しているところに羨ましさを感じました。自分の交友関係、食べたもの、見たもの、考えたことの話が仕事になっている。そこが羨ましかったんです。こんなにも効率よくオンとオフをつなげられたら、**生きているだけで丸儲け**じゃないか、とお得大好きの血が騒ぎました。

作家も私にとって、体験したことを作品に生かせるという点で、タレントに近い仕事と言えます。むしろ私は、作家は「文章が書けるタレント」だと思っています。書く時に必要なのは文章力と同じくらいの「書くことを見つける」企画力。その力はタレントさんの特性と近いような気がします。私の場合、書くことと本が大好きだからこそ「書く」という手段で世の中に出たいという野心がありましたが、それと同じくらい、**「人生をフル活用したい」**という気持ちが昔からありました。

私の父は会社員で、母は専業主婦です。会社員は、当たり前ですが会社に行っている時しかお給料が発生しません。そして主婦にお給料は発生しません。

父は長年商社に勤めていました。毎朝ぎゅうぎゅうの通勤電車に乗って、毎晩深夜帰宅で、土日返上で仕事を進め、夏休みは数日しか取れない生活を何年も続けていました。私が小学生の頃は、父の会社の都合で、家族で海外に住んだこともあります。香港とシンガポールに合計5年弱。それ自体は私の人生にとって、とてもいいことでしたが、父の海外勤務は会社の都合で突然終わり、海外で勉強を続けたいという当時の私の小さな夢はあっけなくはじけ散りました。

毎日ネクタイをしめて、きっちりしたスーツに身を包んで決まった時間に会社に行く父はとてもかっこよく見えて、心から尊敬もしていましたが、同時につらそうにも見えました。

得意でもないのに接待のためにゴルフして（お父さん、ごめんね、でも下手だったよね……）、お酒はほとんど飲めないのに飲み会に参加して、夢のマイホームを持ったと思った瞬間に海外転勤が決まって家を安値で売り払いました。そして、海外生活が楽しくなってきて、海外に落ち着こうと私が覚悟を決めた瞬間、日本への帰国が決まりました。父の会社人生は、そのまま私たち家族の人生まで握っていたんです。

それはそれで、人生ゲームのようで楽しい人生かもしれませんが、私はどこかで、家族の人生がすべて会社の都合に振り回されることに不満を抱いていました。

一方の母は専業主婦。大阪から一歩も出たことのない母が、父の仕事の都合で、東京に住むことになり、泣く泣く地元を離れた数年後には、ほとんど行ったことのない海外転勤が決定。反抗期にさしかかった娘二人を抱えて、まだ若かった母は不安でたまらなかったと思います。香港に到着した夜、国際電話で祖母に電話して「頑張る」と泣いていたのを今でも鮮明に思い出せます。

母はその後、海外暮らしが大好きになったので結果オーライなのですが、家族の会話の中に「会社が」「お給料が」という単語が出てくるたびに逆らえない雰囲気が漂い、「大人って生きづらいな」と頭の中にインプットされました。

最近、父と母は熟年離婚しました。私が子供の頃から二人はずっと仲が悪かったのでもっと早くに離婚したほうがよかったと思うのですが、離婚を考えるタイミングで常にネックになったのは母の経済力です。割とドライに現実を受け止める私と妹は「離婚すれば？」と離婚に肯定的でしたが、当の母が経済力がないという老後への不安から、離婚をしぶったのです。**自分の力でお金を稼がないと自分の人生の舵取りさえ出来ない**のだと、これまた、私の頭の深い部分にインプットされました。

母は、家事のプロであり子育てのプロです。私にはいまだに出来ないお洋服のボタンつけや、破れた服の繕いや、部屋を季節の花や飾りでコーディネートすることが特技だし、天然酵母のパンは家で焼くし、子供が泣いていても絶対にイラッとしないで延々と世話を焼ける。

父が会社に勤めているのと同じだけの時間、あるいはそれ以上に家を切り盛りするスキルを高めてきたのに、会社に行っている父はその時間がお金になって、母の時間はお金になっていない。私と妹にとってかけがえのない母ですが、世の中的には母の価値はゼロなのです。

母が社会と接点を持とうと一念発起してバイト情報誌をさらったところで、パートでさえ、雇ってもらいづらい。まだ50代の母がアルバイトも出来ないなんて、残りの人生約50年はどうすればいいのかと、不安になるのも当然です。では、母はどんなスキルを身につければいいのかというと「自分を仕事にする」スキルです。

人生をフル活用する知恵をつければ、今やっているすべてのことが「仕事」になります。出来ることと好きなことをうまく掛け合わせて、誰かに感謝してもらえることになれば、それをお金にする手段というのは必ず誰か、それが得意な人が考えて準備してくれます。そのために必要なのは、自分の出来ることと好きなことを正しく理解し、発信する力です。

あなたが好きなことを見つけられない理由

「出来ることと好きなことを見つければ」と書きましたが、好きなことがなかなか見つからないという人もいるかと思うので、まずは**好きなことの探し方**について考えてみたいと思います。

「好きなことが見つからない」のは、不幸せなことでも異常なことでもありません。**好きなことが一切ないという人はいない**はず。多くの人は、すでに自分の日常の中に好きなことが存在しているにもかかわらず、**自覚がないだけ**なんです。好きなことを得意なことと勘違いしていて「こんなことを好きだと言っていいのだろうか」と自信がないパターンも考えられます。

繰り返しますが、今は自分に好きなことなんてないと思い込んでいる人でも**好きなことは絶対にあります。**たしかに、学校では好きなことを伸ばすより、嫌いなことの克服に時間を割くように教えられたし、好きなことの探し方は教わりませんでした。

でも、好きなことがない人も嫌いなことはあるのではないでしょうか。私の場合は、数学と理科が嫌いで、代わりに国語が好きでした。そんな風に**嫌いなことがある限り、その逆に、好きなことも絶対にある。**嫌いなことをリストアップしながら、ゆっくり丁寧に探していけばいいと思います。

それでも好きなことが見つからない人は、「好きなことが身近すぎて気づけない」「好きなこと＝自慢できるようなすごいことじゃないとダメだと思い込んでいて気づけない」「好きなことを意識できる環境にいないから気づかない」の3つのうちどれかだと思います。

まず1つめの**「好きなことが身近すぎて気づけない」**については、「大切なことは、近すぎるから、気づけない」んです。

たとえば、家族の愛情を重く感じたり、恥ずかしく感じたりしたこと、皆さんにも一度はありませんか。

私の場合は、料理好きの母の愛情を一時期重く感じていました。今でこそ、母の手料理は骨身にしみるほどありがたいのですが、中高生の頃は、母のお弁当を毎日学校や塾に持って行くことを恥ずかしく感じていました。

特に高校受験のために自由が丘にあるサピックスという進学塾に通っていた時は、休憩時間に、一斉にみんながファストフード店に行っているのが羨ましく思えました。ファストフード店に行っていたのは、東京の都立中学か私立の中学に通う子たち。実家が自由が丘や田園調布で、中学生なのに、ピアスや茶髪の子もいて、かっこよかったし、可愛かったんです。

一方私は、ソックスを三つ折りするという、昭和感満載の校則のある公立中学に通う黒髪の野生児。川崎の田舎中学から、電車で無理して自由が丘に通っていました。そんなこともあって、当時の私にとってお弁当は、田舎くささの象徴のように思えたんです。

クラスの大半がファストフード店に行ってしまった後、教室に残ってお弁当を食べていると、イソップ物語にあった田舎のねずみと町のねずみの話が頭をよぎりました。町のねずみたちの食べ物は、私の目にはとてもかっこよく映りました。

学生時代だけではありません。会社員になってすぐの時は、実家の冷蔵庫の中につくり置きしてくれているおかずを見るたびに、「家でご飯を食べろ」というプレッシャーを感じてしまい、外で自由に働くことを責められているようでした。

けれど、一人暮らしを始めたり、恋人と同棲をするようになって、食事を用意することがいかに大変なことかを身をもって知りました。一人暮らしの時は、夜遅くに家に帰ってきても、冷蔵庫の中にひょいとつまめるものがないことが寂しかったし、恋人と暮らすようになってからは、相手の健康も考えつつ毎日食べるものを考えることや、冷蔵庫の食材の管理って意外に面倒だな、と思うようになりました。

大人になって親の愛情に気づいたという人は多いと思いますが、私も、自分が誰かに与える番になって初めて、こんな面倒なことを何十年もやっているのか、と母の偉大さや愛情に気づいたんです。

でも、あまりに近くに普通にあることって、あることが当たり前だからこそ、その大切さに気づけないんですよね。それは自分の「好きなこと」に対しても言えます。

本当に好きなことは好きすぎて気づけないんです。好きなことはお金にならないという思い込みのフィルターが頭の中にかかっていると、好きなことにも気づきにくくなります。そのフィルターを取っ払って、**自分が時間を忘れて夢中でしてしまうこと**を一度考えてみてください。

運命の相手はいつのまにか人生にいる

「好きなことが身近すぎて気づけない」例を自分自身の体験の中からもう一つ挙げます。

小学校の頃、１時間目から給食の時間まで教室にあった本を読み続けて、気がついたら、目の前に給食があって、慌てて本をしまったことがあります。その間、先生がなんで注意しなかったのか、本当に不思議です。当たり前に授業は行われていたと思うのですが、私の目と耳には何も入っていなかったんです。

それほどまでに夢中になった本がなんだったのか、今ではまったく記憶がないのだけれど、その日、私は給食当番だったようで、「なんでいなかったの」「さぼったよね」と友達に怒られたことを今も覚えています。

中学3年の夏休みには300冊の本を読んで、図書カードを見た先生に「嘘を書くな」と言われましたが、なんで「嘘」と言われるのかよくわかりませんでした。それくらいの量を読むのが当時の私にとって普通だったし、なんなら中3の夏休みは高校受験のための塾があったので、いつもよりペースが落ちて「受験が終わったら思いっきり本が読めるのに」と悔しく思っていたほどでした。ただ、その時初めて、自分は人よりたくさん本を読むということを自覚出来たように思います。

高校の時は、通学時間に本が読みたかったので、それまで一緒に通学していた友達と時間をずらして学校に行くようになりました。優先順位が「友達より本」だったんです。当然、その友達との間には距離が出来てしまって、教室にもいづらくなりました。ただ、それでも通学時間の読書を止める気にはなりませんでした。私は人の顔色を読んでしまう引っ込み思案な性格ではあったけれど、毎日毎日、往復2時間以上かかる通学時間を、同じ友達と同じ話題を繰り返しながら学校に行くよりは、本を読みたいと思っていました。

受験も友達も人生の中で大事であるというのはわかっていたけれど、それよりも本を読む時間の快楽が自分にとっては何より必要だったんです。

本を読むだけではなく、文章を書くのも昔から好きでした。人前で自分の考えていることを発表することが苦手だったので、話せないフラストレーションを、一人日記に書くことで発散していました。そして、尋常ではない量を書いていました。

小学校2年生で作文コンクールに出そうと思って書いた作品はノート2冊分の長さになって文字数オーバーで選考外でした。日記も、毎日毎日、雑誌・新聞の切り抜きやシールなどを使った凝ったものを何年も書いていました。

今でもネット上の日記とは別に、日々気づいたことを紙の日記帳に書いています。けれど、書くことの一部はネットにうつりました。それがブログだったり、noteで配信しているエッセイになっています。ふと気がつけば**今の私は、小学生の時と同じことを場所と方法を変えてやっているだけ**なんです。途中、会社員も経験しましたが、結局、**好きなことに戻ってきた**という感じが今はしています。**小学生の時と違うのは、今はこれでお金を稼げるということ**です。

恋愛は、うまくいった時ほどなんでうまくいったのか説明がつかなかったりしますよね。きっかけがあったというよりも、気づいたら相手が自分の人生にいたという感覚です。

私にとっては書くことと読むことが、気づいたら人生の大部分になっていました。雑誌のインタビューなどでは人生の転機を語ったり、人生を変えるための意志ある決断があったようにまとめられることもあるし、自分でも「書く人生を自分の意志で選んだのだ」と思うことはありますが、**「書くこと」「読むこと」の優先順位は人生の中でずっと高かった**ので、**人生の節目節目で、自然にそれらが継続できる選択をしてきたら**、いつのまにか「書くことが仕事」になっていたようにも思います。自分で選択した気もするし、運命に自然にたどり着いた気もする。**自分が仕事になるっていうのは、そういう感覚**です。

好きなことは得意なことじゃなくていい

「好きなことが身近すぎて気づけない」に続いて、好きなことが見つけられない理由の2つめが、「好きなこと＝自慢できるようなすごいことじゃないとダメだと思い込んでいて気づけない」です。

好きなことは特技じゃないといけないと思っている人もいますが、「趣味」でいいんです。得意なことじゃなくてもいいんです。

ただし、これから自分を仕事にするにあたって、好きなことは武器として使っていかなくてはいけないので、今この瞬間得意でなくても、得意にするために時間をかけてもいいくらい、好きである必要があります。

好きなことを得意なことにするっていうのは、大変なんですよね。世の中には素敵な才能が溢れているから、自分より上の人はきっといくらでも見つかると思います。でも、**まだ何も動き出していないうちから誰かと比べてしまうと、途端に夢がしぼんでしまいます。**だから、好きなことを探す時には誰かと比べずに、ただ、好きという気持ちの純粋さにだけ注目してください。

私の場合も、いつか作家になりたい、文章で生きていきたいと思った瞬間に、大作家さんの文章を思い浮かべると、「大先輩方と比べると私は文章力がないしなぁ」なんて落ち込むしかないですし、そうなると「私なんて作家にはなれないや」と夢から逃げる理由が出来てしまいます。

謙虚であることは大切ですが、謙虚が行きすぎると、何も出来なくなるんです。好きなことを仕事にしてもいないうちから業界トップになることは考えなくて大丈夫です。私も、**文章だけではなく、他のいろんなものを掛け合わせて勝負**しています。やりながら独自のポジションを探ればいいんです。

それに、自分で独自のポジションを狙っていかなくても、継続してさえいれば、徐々に自分の見られ方や人とは違う個性に気づけて、ちゃんとおさまるべき場所におさまることが出来るはずです。評価や分析はきっと誰かが自分の代わりにいずれしてくれます。要は、**その時まであなたがちゃんと続けられるか。**誰かに見られていない時も、勝手に熱中出来るくらい好きなことに取り組んでいるかどうかです。

まずは雑念を取っ払って、自慢出来ないようなことも好きなことだと認めてあげてください。ニンジンが嫌いな恋人が唯一食べてくれるのが自分のつくるニンジンケーキだとか、料理は下手だけど一日中やっていられるとか、そういう**些細なことを大事に**してみてください。

私の場合は、書くこと以外だと、食べ歩きが好きです。その中でも特に、「流行りもの」が好きです。ミーハーなんです。

食べ歩きが本当に好きな人って美味しいお店を見つけることがうまいんですよね。食べ歩きの達人は、いろいろ食べ歩いて自分の舌で評価して、それを世の中に発信しています。私のグルメ師匠である日本一のグルメブロガー、フォーリンデブはっしーさんは美味しいお店の発掘がうまい人です。「食べログの3・3〜3・0に名店がたくさんある」と言って、ネット上にレビューのないお店や、評価が追い付いていないお店を積極的に開拓します。

私ははっしーさんとは逆のタイプです。発掘もたまにはしますが、食べログの点数やレビューやインスタグラムを頼りにして、みんなが美味しいと言っているメニューや、インスタにあげている名物料理を注文します。みんなが今、注目しているものが知りたいし、食べてみたい。

海外から日本に初上陸するお店や、聞きなれない新しいご飯や、新形態のお店なんかは、すぐにでも行ってみたくてうずうずしてしまいます。普段は新しい単語がなかなか覚えられないくせに、話題になっている商品名や店名は一度見たらスラスラと出てきます。

こんなこと特技でもなんでもないと思っていたのですが、特技にするつもりも仕事にするつもりもなく、好きだから、ミーハーにお店を食べ歩いていたら、最近はそういうミーハーな食べ歩きもお仕事の一環になりました。

今、私は食の楽しさをSNSを通して広める「食べあるキング」という団体で「トレンドグルメ担当」を任されていて、トレンドグルメに詳しい人としてメディアに出たり、イベントに出たりすることもあります。

食について語れる人は私の他にもたくさんいます。むしろ専門家がたくさんいる分野ですから、私よりもマニアックな知識がある人のほうが多いと思います。私は肉の部位名もよくわかっていないし、世界の有名レストランも知らないし、食べログのレビューも書いていません。けれど、ただ「好き」を誰からも求められてもいないうちから勝手に自分のSNSで発信していたら、お声がかかったんです。

それから、私の場合、ＳＮＳのフォロワー数が多いことを、食のお仕事の分野でも強みだと評価してもらえたんです。トレンドグルメに詳しい人は他にもいるだろうけど、「食べあるキング」は「食の専門家集団」ではなくて食の楽しさをＳＮＳを通じて発信するグルメ集団なんです。だから、専門家の知識として足りない分を、拡散力で補います。

こうやって、**足りない能力は自分の他の能力と掛け合わせることによって補強されるし**、その組み合わせが自分にしか出来ないことになります。「私は自分の何と何を掛け合わせればいいんだろう？」と迷う人もいるかもしれませんが、自分で探せなくても「好き」を淡々と発信していれば**世の中のほうが、絶対にあなたを見つけてくれます。**

なぜなら、世の中は常に、新しいものと人を求めているから。今は専門家よりも変態的な素人のほうが面白い時代なんです。変態的な素人を突き詰めたら専門家になれます。どんな専門家も、最初は「好き」というぼんやりした気持ちから、その分野を切り開いているものです。

嫌いなことが好きなことを際立たせてくれる

「好きなことが身近すぎて気づけない」「好きなこと＝自慢できるようなすごいことじゃないとダメだと思い込んでいて気づけない」に続いて、好きなことが見つからない理由の3つめが「好きなことを意識できる環境にいないから気づかない」です。

早い話が、恵まれすぎた環境にいるということ。好きなことというのは嫌いなことの対極にあります。だから、**嫌いなことがないと好きなことが際立たない**のです。

学生時代、試験前になると、急に忙しくなったり、やりたいことが増えたりしませんでしたか。

いつもは億劫《おっくう》な部活の時間さえ、試験勉強に比べればましに思えて「試験が終わったら、めっちゃ自主練しよう」なんて思ったりしたのは私だけではないはず。試験が終わったらそんな風に思ったことは忘れて、また自堕落な生活に戻っちゃうんですけどね。

でも、さあ試験勉強だと言われるといきなり「本読みたい」「映画行きたい」「部屋の掃除をしたい」なんてやりたいことがたくさん出てきたのを思い出します。

それまで無限に思えていた自由時間が一気に少なくなると、人は「やりたいこと」を次々に無理やり見つけます。

だから、自分が本当に好きなことがわからない人は、学生時代に「試験勉強期間に何をしたかったか」を思い出すといいと思います。**勉強をさぼってこっそりやっていたこと**って大体一番好きなことです。

私の場合は、漫画と本を読んでいました。問題集をここまでやったら、ご褒美に漫画を一冊読もう、なんて感じで好きなことをご褒美に用意するのが勉強のモチベーションになっていました。

それから、**自分が一番お金を使ってきたこと**も、好きなことだと思います。周りの人に比べて自分が何にお金を使っているかを書き出してみると、明確になるはずです。

私の場合は、書籍代が人の何倍もかかっています。時間で言うと、読書時間（読む時間）やブログ執筆（書く時間）、ネットサーフィン（ネタを探す時間）が多いです。

正直言って、私のやっていることは、漫画喫茶にこもるニートに限りなく近いと思うんですよね。ニートとたった一つ違うのはお金を稼いでいるかどうかです。**お金になれば、仕事だと認めてもらえます。**

昔は、書くことも読むこともお金を払ってやっていました。でも、仕事にすれば、好きなことにかけるお金は全部経費になるんです。好きなことにかけるお金を堂々と経費に換えることが、自分を仕事にすることです。

好きなことを仕事にすると、これまでに意味もなく投資してきた分の時間とお金を、どんどん回収できます。そう考えるとちょっと楽しくなってきませんか。

ここまで3つの「好きなことを見つける方法」を挙げてきましたが、それでもまだ好きなことがわからないという人は、二者択一方式を用いるのもいいかもしれません。

読書と料理、どっちが好きですか。算数と国語、どっちの授業が楽しみでしたか。洋服とご飯、お金をかけているのはどっちですか。

こんな風に、自分にどんどん質問をぶつけて直感で選んでいくと、好きなものがはっきりしていきます。

子供の頃にやっていたことを思い出すのもいいと思います。私は、まだ文字が読めないくらい赤ちゃんの時から、本を見つけると、ハイハイして本に寄っていったそうです。今も、書店に行くと、特に何があるわけでもないのに、わくわくします。

こうなるともはや性癖です。**性癖は、嘘をつきません。**自分の性癖をぜひ見つけてみてください。

あなたは、今までは好きなことを見つけなくてもいい環境にいたのかもしれません。でも自分を仕事にするということは**仕事時間と自分の時間を一致させる**ということです。これは、本気で好きなことを見つけないと、実現できません。

好きなことが複数あるなら、それをうまく組み合わせて仕事にしてもいいし、同時並行でやって、複数の収入源をつくってもいいと思います。

「好き」が増えると人生は楽しくなるので、「好き」はいくらあっても困りません。ただ、「好き」の優先順位が一番上のものが、仕事にしやすいものだと思います。

――さて。ここまでが「好きなことを見つける方法」です。

好きなことが無事に見つかったら、今度は好きを武器にして「自分を仕事にする方法」を考えていきたいと思います。

その前に、**そもそも、「仕事」ってなんだっけ？**ってことを考えていきたいと思います。

2

仕事は、自分が生きやすい世界をつくるためにある。

↓好きなことをお金に換える方法

仕事の先には自分が理想とする世界がある

「仕事」というものの正体はなんなんでしょうか。単純にお金を稼ぐこと＝仕事であるなら、私たちはこんなにも働き方に悩んだりしないはずです。あなたにとって〝仕事〟とはいったい、なんですか？

私の場合は「仕事」とは**「世界を自分にとって住みやすいものに変えるためのもの」**です。

だから仕事の先には「より自分が理想とする世界」があってほしいし、仕事をすればするほど世界が自分にとっての理想に近づくなら、仕事が楽しくなります。

この場合の理想の世界というのは、「自分が面白いと思うギャグで誰かが笑う世界」でも、「美味しいパン屋の多い世界」でも、「気軽に花が買える世界」でも、「貧困で泣く子供がいない世界」でもなんでもいいと思うのです。

完全に自分にとって都合のいい世界。私に優しい世界をつくる。私が生きやすい世界をつくる。そのために仕事があると思っていいと思います。

世界のすべての問題を誰かが一人で背負えるわけがないし、得意不得意や、それぞれが持つ正義の定義は違いますよね。だから、自分にとっての正しさや住みやすさを個々人がそれぞれに追求していれば、あるべき場所に自動的にたどり着けると思います。

私にとっての理想の世界は、「わくわくする活字に思う存分触れられる世界」です。

私は小さな頃から、本に助けられて生きてきました。日々活字や言葉でわくわくしたいから、自分自身も本で誰かの気持ちを動かすことにこだわっています。

出版不況といわれるこの時代に、文章を書いて生きていくことは楽ではありませんが、幸い、私には大学時代に「ブログ」に出会うという幸運があったので、これを強みにして従来の作家の収入源である紙の本の印税だけに頼らず、新しいお金のつくり方にいろいろ挑戦しています。そしていつか「作家」の新しい道をつくりたいと思っています。

SNSがこれだけ普及した世の中で書くことや発信することは作家や芸能人だけの特権ではなくなりました。

今、これまでの歴史の中で一番誰かが書いたものにアクセスしやすい時代になっていると思います。そして実は、今、**何者でもない人ほど、書くことや発信すること を味方につければ新しい仕事のあり方をつくっていける**んじゃないか、なんてことも思います。

ここで改めて問います。

あなたにとっての仕事とはなんですか？

仕事をすることによってどんな社会を実現したいですか？

ぜひこの2つの問いに自分なりの答えを出してから、この先を読み進めてください。

正解はありません。自分を納得させられる答えであればなんでもいいと思うのです。

「自分は何のために仕事をしているのだろう？」と自問自答した時、**お金以外に仕事をする理由**があれば、きっと長く健康的に仕事を楽しめると思います。

お金ももちろん大事だけれど、「仕事をする理由」がお金以外にないと、仕事を選ぶ上での判断基準がお給料の高い低いに偏ってしまうのではないでしょうか。

そういう仕事の選び方をすると、たとえお給料が高くても、仕事の時間が満足度の低い時間になってしまいます。そうならないために、**自分を奮い立たせる「仕事をする理由」**を考えておくといいと思います。

自分が幸せにならない仕事は手放していい

自分の中でしっくりくる「仕事をする理由」が見つかりましたか？

きっと人それぞれの仕事をする理由があったと思いますが、どんな理由であれ結局は仕事＝自分を幸せにするためのものではなかったでしょうか。

そう。**仕事って自分を幸せにするためのものなんです。**大事なことだからしつこいようですがもう一度だけ繰り返します。**仕事は自分が幸せになるためのもの**です。

幸せにならない仕事は手放していいんです。この優先順位を間違えると、人生がつらくなります。仕事よりも自分の幸せを優先させてください。幸せになるための仕事だけをしてください。

仕事ってつらいイメージがありますよね。私もまだ社会に出ていない学生時代は、仕事＝つらいものだと思っていました。お給料は我慢料で、つらいことを我慢すればするほどお金がもらえるんだと思っていました。

けれど社会人になって、**自分が楽しいことをしていてもお金は稼げる**ことに気づきました。同じお金を稼ぐなら、つらいことを我慢するより楽しいことをしたほうがいい人生になりますよね。

仕事はいかに楽しむかを考えたもの勝ちです。「つらいことを我慢するのが仕事」と思っていると苦しいループから抜け出せなくなります。今、もし仕事がつらかったら、自分に合っていないということです。仕事を通して誰かを幸せにしたければ、その誰かにまず自分を含めましょう。

そして、自分を幸せにするために「自分を仕事にする」生き方を選んでいきましょう。

「仕事」はゲーム感覚でつくれる

仕事というとこれまでは一生を捧げるものでした。なぜなら一度入った会社にそのまま定年まで勤めるのが一般的な働き方だったからです。**仕事＝会社だったん**ですよね。でも、仕事は会社という場所にとらわれなくても出来ます。

今はどこにいても、遊び感覚でどんどん自分で仕事がつくれる時代になっています。

たとえば、流行りのフリマアプリで物を売ることは小さな起業だと私は思います。メルカリを私は日常的に使っていますが、一過性のマイブームではなく、生活必需品として定期的に利用しています。

メルカリなら写真を撮るだけで、家にいながら瞬時に店長になれます。商品説明や梱包の工夫、丁寧なやりとりを意識すれば売上げが変わる。この小さな試行錯誤の積み重ねはそのままビジネスセンスを磨くことにつながります。

メルカリなどのフリマアプリで得た売上金を、銀行に振り込まずに、せっかくならアプリ内で今度は買う側に回ろうと思う人も多いはずです。

これらのサービスはキャンペーンや友人招待により、現金には交換できない期間限定ポイントが付与されるので、現金なら1000円分にしかならないけど、ポイントなら1500円分になる、だったらアプリ内で使ったほうがお得、という状況になりやすいのです。この仕組みのおかげで、同じサービスの中で売る側も買う側も両方体験する人が増えていきます。

売り買いを交互に続けているうちに、**お金は使うものではなく回すもの**だという感覚が身についていくのではないでしょうか。

読み終えた本を売って、入ってきた売上げでまた新しい本を買う……なんてことを繰り返していればお金を使うというより、回している感覚になるはずです。

あるいは、「古いものを新しいものと換えてもらった」感覚ではないでしょうか。

お金という形になるとお財布から現金が出ていくのが惜しくなるけれど、「お金」を介さないやりとりだと、自分にとって必要な「物」を回しあっているだけの感覚が際立つ気がします。

本来お金は、物やサービスと交換し合うための仲立ち役でしかなくて、お金そのものには価値はないのです。そんな当たり前のことを、今はアプリを通して、家にいながらにして学べます。

お金は貯めこむより「回す」ことが社会を動かすんだ、そして、「回す」ことって、お互いに嬉しいことで、まるでゲームのように楽しめる……この感覚は従来のつらく、苦しい「仕事観」を変えてくれるもののようにも思うのです。

物やお金が回り、人との接点が多いのは間違いなく豊かな社会です。私が子供の頃は、その体験をすることへのハードルがとてつもなく高かったように思います。

私の初めてのアルバイトはマクドナルドでした。仕事の基本や、人との交流など大切なことはそこで学べましたが、私にぴったり合った職業とは言えませんでした。虫の居所が悪いお客さんに理由なく怒られたり、クレーマーのお客さんの対応に困ったり……そんなことに耐えながら一日必死に働いても、日給は1万円には届きません。働くって大変なことだと実感しました。

だから、メルカリでいらない物をぱぱっと売ってあっという間にお金を儲けてしまった時は、家から出ず、誰からも怒られずに、むしろ感謝されてお金が儲けられることに感激してしまいました。こういうことを気軽に体験できる今の社会ってなんて恵まれているんでしょうか。

逆を言えば、こういう体験をしないまま社会に入るのはそれこそもったいないんです。フリマアプリを使ってみるなんてとても小さなことだけど、こんなところにも、**自分を仕事にするための大きなヒント**があるのです。

仕事を選ぶ時、「世間体」は捨てる

日本では、大学3年生になるといっせいに就職活動が始まります。それはつまり、**社会人になるということは会社に入ること**だと、世間的には思われているからです。

でも、これからは働く＝会社に入ることでなくてもいいと思います。私はもともと会社員なので、会社が嫌いなわけでも、みんながみんなフリーランスで働けばいいという考えの持ち主でもありません。

ただ、**働き方の選択肢は「会社員になること」だけではなく、いろいろあってもいい**と思うんです。選択の自由が社会にあることが大事だと思っています。

ちょっと前に、友人の紹介でＡＶ男優の方に会いました。高校を卒業し、さまざまな職業を渡り歩いた後、ＡＶ男優になって13年だそうです。ただの友人同士のご飯会で、インタビューでもなんでもないのに、私が彼の経歴に興味を持っていると知ると言葉をありったけ尽くして、丁寧に自分の職歴を話してくれました。

趣味もないし彼女もいないという彼に、今一番楽しいことを聞くと「セックスです」と返ってきて、逆につらいことを聞くと「最近、仕事で好みでない女性が相手の時に体が反応せずに迷惑をかけた」とこれまた即答。

楽しいこともつらいことも、すぐに仕事の話で返してくれる彼は、すごく幸せな仕事人だと思いました。

彼のお仕事を立派な仕事だと考えない人も世の中にはいるかもしれません。でも、**仕事として成立することはすべて誰かに感謝されるから成り立っているん**です。そういう意味で、すべての仕事は尊いと私は思っています。

もちろん、人をおどしたり詐欺のような犯罪行為は仕事とは言えないと思いますが、そうでない限り、仕事はそれを求めている人がいるから成り立つものです。

そして、仕事が「自分も相手も幸せになる手段」であれば、肩書きや働き方が誰かにとってかっこいいものである必要なんてないんです。**誰かにとって必要とされる場所があるならそれ自体がもうかっこいいこと**ですから。だから、無理に立派な仕事をしなくちゃなんて思わなくていいんです。

立派の基準は人それぞれです。誰かの基準に合わせて自分を変えると、だんだんと自分の幸せの基準がわからなくなります。

それよりも、自分が幸せかどうかを優先させてください。立派な会社に入ろうとか、高いお給料をもらおうとか、いわゆる世間体を考え始めると、話が複雑になります。

そして、**誰かを幸せにするために、まずは自分の幸せを大事にしてください。**それは、どんな仕事をする上でも大事な基本です。日本人の性格上、相手の幸せを、自分の幸せ以上に優先させるのを美徳とする人もいるかもしれないけれど、実は逆で自分が幸せでなければ、相手は幸せにできません。

もちろん、仕事にまつわるすべてのことが幸せなことばかりだとは思わないけれど、少なくとも幸せな瞬間はないといけないと思うんです。苦労が報われるような濃い幸せの時間があれば、人は自分以上の力を出せて、前に進めますから。

もしも幸せが感じられなくなったら、他人の目は気にせずに、自分の心を守ることを優先させてもいいと思うのです。

そして、時には逃げることも、長く健やかに働くためには必要だと思うのです。

自分の知らない「生き方」も始まってしまえば対応できる

これまでの常識とは違う自分だけの仕事をつくり、生き方を自分で模索するのは、不安なことですが、実は飛び込んでしまうと、思っていたより不安は少ないと思います。

私の場合、「一番怖いこと」って起こってしまうと意外と対応できるんだな、ということを、些細なことですが、iPhoneのデータがなくなった時に実感しました。

一度、iPhoneのデータが全部飛んでしまったことがあるんです。データの復元は機種を変えるたびに何度もしていたので、失敗するなんて夢にも思わなかったのですが、今使っているパソコンとiPhoneの相性が悪かったようで、保存したはずのデータが全部消えてしまったんですね。往生際悪く、使っているパソコンメーカーのお問い合わせ窓口とアップルのサポートセンターの方と交互に話して何時間もデータを復旧させようと躍起になりましたが、たどり着いたのは「データの復旧は無理」という最悪の結論でした。

残念ではありましたが、無理とわかってどこかスッキリした自分もいました。何時間もやりとりをしているうちにもはやこうなることは予想がついたし、途中からは無限に時間を食われるより、無理なら無理だと早く知りたいと思い始めていたんです。

初期化されたiPhoneに、使っていたアプリを一つ一つインストールし直していると、被害は最小限だということもわかりました。

写真のバックアップはネット上にしていたし、電話帳も最新ではないものの、過去のデータがあったし、もし戻ってこなかったとしても、本当になくて困るのは家族と恋人の番号くらいです。ほとんどの人とはLINEで連絡を取っているので会話の履歴が消えたのはつらいものの、連絡先があれば、まあ、大問題ではありません。

この際だからと、アプリとの付き合い方も見直してみました。いれたまま大して使っていないアプリも多かったし、そのアプリをいれていることで、ついつい時間を浪費してしまっていたことにも気づけました。ショック療法ではあったけれど、思い切ったアプリ断捨離が出来てむしろ良かったのかもしれません。

ｉＰｈｏｎｅのデータ紛失は「起きたら嫌なこと」のトップ10くらいに入る出来事だったのですが、意外と冷静に対処出来て「この経験から何が学べるだろう？」と前向きに考えられる自分にびっくりしました。

起きたら怖いといつも思っていることでも、現実に起こってみたら思っていたほどひどい状況にならないというのは、他の状況でもありえることだと思います。

私の人生の中の出来事で考えると、大企業からの転職もベンチャー企業からの独立も、事務手続きなど面倒なことはあったけれど、思い切った結果、思ったより良い人生を手に入れることが出来ました。

仕事でも人生でも**一番怖いのは、起きてもいないのに不安を自分の中で大きくしている時**です。経験から何かを吸収する前向きさがあれば自分が思っているより良い結果が得られることも多いのかもしれません。

自分を発信する時に「誰かのウケ」を狙わない

ここからは具体的に**好きなことをお金に換える方法**についての話になります。自分自身や自分の好きなことをお金に換えるには、いったいどうしたらいいんでしょうか。

私は、何よりも大切なのは「自分」というものを人前にさらけ出してみることだと思います。自分はどういう人間で何が好きなのか。**どうやって自分の持ち物をお金に換えるか。具体的な方法が思いつかないのであれば、出来ることはただ一つ。お金に換えてくれる人と結びつくために、自分を人前にさらけ出すことなんです。**

私の場合は、コツコツと書き続けていたブログなどのSNSが、メディアの方の目に留まり、まずはネットニュースで取材を受けました。それがさらにブログの人気につながり、やがて出版や他メディア出演のオファーが来て……と徐々に好きなことを仕事にする下地が出来ていきました。ただ、最初の発端はブログで自分を発信していたことです。

もし私が同じことを紙の日記帳を使ってやっていても、誰も見つけてくれなかったと思います。昔は、自分の身近にメディアへのつながりがないと、誰かの目に触れるのは難しかったと思いますが、**今はインターネットにさえ載せれば、同じアンテナを持つ人たちが見つけて、あらゆる面で協力してくれます。**

私はネットが一番いい方法だと思いますが、ネットが苦手なら、誰かに発信を代わりにしてもらってもいいし、もっとアナログに、交流会などにどんどん出かけていって人とのご縁をつくるのもいいと思います。

ここで大事になるのは、自分はどんな人間で、どんなことがしたいのか。それを、常に誰にでも話せるようになることです。

やりたいことさえあれば、実現方法は具体的になくてもいいんです。

「大好きなヨガをマスターして、周りの人を元気にしたい」「料理が好きだから、料理で人を幸せにしたい」これくらいの漠然とした夢でもいいと思います。

そうすれば、似た夢を持った人が集まってきて、いろいろ情報交換も出来るし、そうやってつながるご縁の中で仕事って頼まれるものです。

でもそのためには、**自分で自分を説明する能力**は最低限必要です。そしてその際、説得力を上げるために人に見せられるものがあると、そのチャンスはぐっと広がります。

SNSなどは一番簡単な、人に見せるための手段です。フォロワー数が少なかったりブログのPVが低いことを気にする人もいますが、あまり関係ありません。

SNSについて語る記事を読むと、フォロワーを増やすための小手先のテクニックが紹介されていたりもするけれど、私は、**これから発信に力をいれようとしている人ほど、テクニックではなく、本質を大切にしてほしい**と思います。

テクニックというのは人の数だけ存在するし、結局は、成功者がやったことの後追いです。

顔写真に「いいね!」が多くつく人もいれば、食事の写真に「いいね!」がつく人も多い。だから一概に「こういうものをアップすればウケがいい」なんて言えない。

傾向を掴むためには知識を得る必要はあるけれど、必ずしもそれが自分にとっての正解とは限りません。むしろショートカットしてたどり着いたテクニックは自分が考える機会を奪ってしまうようにも思います。

最初からテクニックに頼らずに、自分で一から試行錯誤していくと、注目されるのに時間はかかるかもしれないけれど、それだけ、自分の発信を深く受け止めてくれる純度の高いフォロワーと共に、**他の人には真似できない自分だけの方法論**が見つかるはずです。

インスタでは写真に余白をあえてつけて投稿するのがオシャレでかっこいいと、毎回余白を細かく調整している人気インスタグラマーの友人がいます。

けれど、それは彼女の美意識であって、そうやって、フォロワーをたくさん獲得する人もいれば、他の方法で獲得する人も多いのです。

余白をつけなくてもフォロワーの多い人はたくさんいますよね。また、ツールの仕様に合わせて、テクニックもすぐに移り変わります。**型だけ真似したテクニックは、結局自分のものにはならない**ので、人のいいところは取り入れつつも、丸パクリにはならないように、自分の味を考えることは発信者の誰もが意識しなくてはいけないことだと思うのです。

そして、**みんなに通用するテクニックなんてないからこそ、自分の好きなことを、好きなように発信すればいい**と思うのです。

発信が続かない人は、発信を義務的に考えてしまっていたり、フォロワーを増やそうと躍起になるあまりに疲れてしまっていることもあるかと思います。そういう人はシンプルに「SNS＝好きなものを紹介するツール」と考えてみたらよいのではないでしょうか。

フォロワーを増やすための道具ではなくて、自分の好きなものを紹介するための道具だとツールをとらえなおすことで、また別の発信の方法を思いつくかもしれません。

友達が好きなら友達と一緒に過ごした時間のこと。読書が好きなら読んだ本のこと。ご飯が好きなら食べたもののこと。カフェが好きなら週末に訪れたカフェ、コーヒー、音楽、旅、文房具、アクセサリー……なんでもいいと思います。

そういうものを、身近な人だけに大切にシェアする気持ちで心地いいペースで更新してみるところから始めてみてください。**「好き」が溢れたタイムラインは、誰より自分が見ていて楽しいはず**です。

そして「好き」を発信し続けていると、**自分が楽しまなくちゃ、楽しさは人には届かない**という「発信」の本質が摑めると思います。

発信を続けると周りには必ず、同じものが好きな人が集まってきて自分にとって居心地のいい場所が出来てきます。

「誰かにウケよう」ではなく、まずはただ「好きなことを続けよう」と考える。そして、**淡々と続ける。**それが、好きなことを仕事にすることの本質です。

「意見」だってお金になる

好きなことがまだお金を生まない時は、あらゆるアプローチを試してみることが大切だとは思うけれど、もしかしたら、**自分でも思ってもみないことがお金になる可能性を秘めているかもしれません。**

特技というのは、書くことだったり歌を歌うことだったりと、人前で見せられるものでないとダメだと思う人もいるかもしれませんが「考え方が特殊」というのも、特技になりうるのです。

私の場合、「こんなことがお金になるんだ」と驚いたのはインタビューです。話したらそれが記事になって、お金ももらえる。もちろん、記事のチェックなどには労力がかかりますが、自分のお喋りがお金になるとは昔は夢にも思わなかったので、「こういうことだってお金になる」ということの例の一つとしてお伝えしたいと思います。

私の場合は、フリーランスになってから、営業なんてしていないのに、**インタビュー依頼が途切れたことがありません。**

大きな収入源というわけではありませんが、**収入源を複数確保する**ということは、自分を仕事にする上で大切なことですし、自分の可能性を広げてくれることです。

人は自分のことを普通だと思っています。自分の当事者は自分しかいないから当たり前なのですが、他の人から見たあなたはどこかしら「異常」な要素を持っている可能性があります。

この「異常さ」が個性と呼ばれるもので、これからの時代、個性はお金に換えられます。

たとえば、私は30代の女性で、結婚の適齢期だと思いますが、昔ほど結婚をしたいとは思っていません。

以前、会社員だった頃は結婚願望が強かったのですが、フリーランスになって、自分の力でちゃんと稼いでいけることがわかると、結婚はしてもしなくてもいいかも、と考え方が変わりました。

むしろ、せっかく発信することを仕事にしているのだから、何も考えずに30代だからと結婚するよりは、「結婚していないとどんなことが不便なのか」を体感するために事実婚をしてみるのもアリかな、なんて最近では思っています。

この結婚観の変化は、インタビューの時によく聞かれるトピックの一つです。世の中の女の人には「30代になったら結婚したい」と考える人が多いので「結婚しなくてもいい」という私の意見は、コンテンツになるんだと思います。

けれど、そんな私のように「結婚しなくてもいい」と思っている人に対しては、結婚したい人や結婚をすでにしている人の考える「結婚の良さ」もまた、コンテンツになるんです。

いずれにせよ、**自分のどんな要素がどう人の役に立つかは、誰かが決めてくれることです**。だから、とにかく人前に自分というものを恐れずに出しておくことが大切です。

自分の意見をさらけ出すことは、勇気のいることです。時にはネットで炎上したり叩かれたりもします。

「結婚しなくてもいい」なんて言うと、「負け惜しみだ」などと言われることもあります。負け惜しみなんて言われると釈然としない気持ちが湧きますが、なぜ釈然としないのかを考えることが、また次の取材のネタになったりもするんです。

人とぶつかりあうことを避けてはどんな仕事も出来ません。

でも、その**ぶつかりあいは、自分の意志次第で生産的なもの、そして自分を成長させるものに出来る**んです。だから、さらけ出すことを恐れないでください。

自分の「人と違う部分」は他の人に指摘されない限り、気づけません。

それを見つけてくれるのはあなた自身ではなく知らない誰かです。それも、身近にいる人よりはちょっと遠くにいる人のほうが、あなたの面白さに気づいてくれる可能性が高いです。

これから「自分」を仕事にしようと思っている人は「意見だってお金になる」と自信を持ってください。

自分の意見・考え方というものは、それだけで価値があるものです。自分にとっての「普通」は、誰かの価値観を変える可能性があるんですから。

人生を変えるために今を変える

「意見をお金にする」という具体例を一つ出しましたが、自分を仕事にしていくために、今いる環境の中で、自分の好きなことを今まで以上に極める方法を一つ考えて、実行に移してみてください。

私の場合、大学時代から続けていたブログを会社員になってからも更新していたら、ネット媒体から連載依頼がきました。そこから「週末作家」と名乗って、平日はブログ、土日はコラムを書くようになりました。

そうしたらいつの間にかコラムの依頼が増えて、会社員のお仕事よりも、コラムを書くことのほうが忙しくなりました。気持ち的にも、物理的にも「もうこれ以上両立できない」と思った時が、私の独立のタイミングです。

一人の能力も持ち時間も限られていますから、いきなり、人生を変えるのは大変です。でも、少しずつでいいから、今やっていることを継続しながら、進路をゆっくりと軌道修正するのが大切です。軌道を変えずに進んでいたら、今見えている未来にそのままたどり着くだけですから。他の未来が見たかったら、他のことにも手を出してみないとダメなんです。

出来ることは少なくていいから、**自分の行きたい方向につながりそうな何かを始めてみて**ください。

何も変えないで、人生が変わるわけがないんです。なのに、世の中には自分は何も変えないで、人生を変えようとしている人が多いと思います。

いくら誰かが勝手に見つけてくれるといったって、**すべて人任せや運任せでは何も始まりません。**誰かに発掘されるためにも、自分からも小さなアクションを起こしてみることが大切なのです。

ただ、変わるためには生活のすべてを変えなくてはいけないと思い込み、変わること＝不安なことだと思っている人がいますが、もしも自分を仕事にしようと決めたら、**変えるのはちょっとずつでいい**んです。

毎日リップの色を変えたり、アイラインの引き方を変えたりと研究を続けていれば、自分に似合う運命のメイクにいつかたどり着きますよね。

最初は自分にしかわからない程度、ほんのちょっとだけ生活を変えてみてそれを毎日繰り返す。それが、無理なく心地よく「自分を仕事にする」生き方に近づくコツだと思います。

前述しましたが、まずは仕事以外で自分が一番時間とお金を割いていることを探します。**お金を払ってでもしたいことを少しでもお金を受け取って出来るようになる**ことが、自分を仕事にするということです。

旅好きな会社員の知人は、旅メディアのライターを副業でしています。支払われる原稿料は数千円だけど、旅先でのランチ代くらいにはなりますよね。音楽好きの知人は、ライブハウスを借りて定期的に演奏会を企画しています。まだまだ赤字だそうですが、一部はチケット代で回収しています。

「ちょっとでも回収出来たら、それでいい」

それくらいの気軽さで始めるから続くんです。続かないことはつらくなります。続けるために、つらい努力はしない。これが鉄則です。

自分を仕事にしたい人がやるべきことは、いきなり会社を辞めることでも、資格を取ることでもありません。

「好きなことをやる時間を増やす」「好きなことのためのお金を経費にする」

この2つの方法をとにかく考えて思いつくことを片っ端から試してみてください。

見返りなしでも出来ることから始める

自分を仕事にしようとした時に陥りがちな失敗は、いきなりお金に換えようとすることです。

お金に換えるための方法は考えるべきだと思いますが、そう簡単にお金はもらえないものです。このバランス感覚を失うとトラブルのもとになってしまうかと思います。

「お金にする」というのは「お金になるまで続ける」ということに言い換えられるかもしれません。

たとえば、「意見をお金に換える」という例でインタビューを出しましたが、インタビューでお金をもらうには、どんな質問がきても答えられるように、意見を深掘りしているか、貴重な体験をしているか、そこそこ知名度を高めるかのどれかです。

自分を仕事にしたいと思っている皆さんは、先にお金をもらうことばかり考えずに、後からお金になることに慣れてください。**お金も結果も、必ず後からついてきます。**

自分を仕事にすればするほど、先行投資が必要になるんです。会社に入るにも、受験戦争を勝ち抜いて、就活を突破して……と時間とお金の投資が必要だったと思います。自分の信用度を上げて人に認めてもらうには、それだけの先払いが必要なんです。

見返りをいきなり求めると、お金を手にする前に悪評が広がってしまいます。

まずは、自分の強みを無料で人に提供するくらいのつもりでいてください。それが誰かの目に留まると、反響という形で返ってきます。そしてクチコミがある程度に達すると、その中からお金を払う人が出てきます。

知り合いに結婚式専門のカメラマンがいます。彼はカメラが趣味なので、週末に友人たちの結婚式で写真を撮っていたところ、その腕を見込まれて「うちの結婚式にも来てください」と頼まれるようになり、評判が評判を呼んで、独立したそうです。今は無事に自分を仕事にして、会社員時代の数倍の収入を得ています。

一方で、結婚式のカメラマンになる、と経験もないまま見切り発車で会社を辞めた人の話を聞いたことがあります。彼は、私の友人に自分から売り込んで仕事を得ましたが、出来上がった写真はピンボケだったり、構図がへたくそだったりと、とにかくひどく、友人はかんかん。それなのに、請求されたのはプロと同額の数十万円だったそうです。

「こんな素人のお仕事に、そんなお金は払えない」と揉《も》めに揉めて結局、半額ほどで手を打ったそうですが、その友人は、あちこちでこの話を言いふらしていて、まったくそのカメラマンとつながりのない私にまで悪評が伝わってきています。一生に一度の日に嫌な経験をしたのだから、当然だとは思いますけどね。

カメラマンの名前はここでは伏せてはいるものの、それを聞いた私がこうやって本に書いてまた広めるわけだから、悪事千里を走るじゃないですけど、悪い評判って、本当に広まるスピードが速いんだということ、わかってもらえるかと思います。

評判をつくったら、ちゃんと自分が考える自分の値段を相手に提示していいと思います。けれど**評判をつくるまでは、先行投資**だと割り切って「練習させてもらう」くらいの心構えでいないと、お互いに相手に高い期待を持ってしまって、良い関係がつくれないと思うのです。**先にお金を得ようとした人は大体失敗します。最初は、自分のお金と時間を注いで評判をつくることを優先させてください。**

3

会社を辞めることだけが、自由に生きることじゃない。

↓自分の肩書きをつくる方法

これからは「何をしているのかわからない」人の時代になる

肩書きは、無名の自分にとっての看板になります。

会社員の人は、会社名という看板がありますよね。たとえば、電通なら広告をつくる人、フジテレビならテレビ番組をつくる人、とざっくりですが、看板があれば何をしている人なのか、説明がぐっとわかりやすくなります。

会社名の他に、部署ごとの肩書き……コピーライターなのか営業なのかアートディレクターなのか人事なのかという区別があり、肩書き＝その人の仕事だと人は判断します。

そして、会社員にとっては肩書きは、選べるものではなく、「会社から与えられるもの」なんですよね。それはそれで、すでにある肩書きに自分を合わせるという難しさがあるはずです。肩書きを超えた働きは、会社という枠の中では時には摩擦を生むかもしれません。

でも、会社の外での肩書きなら自分で自由につけられます。フリーランスの人であれば、肩書きは、自分の看板になります。

だからこそ、「自分」を仕事にする時は、肩書きにこだわってみてください。**自分の力や知名度が足りないうちは、肩書きに頼って仕事をもらうしかない**からです。

そういえば、地方に出張に行くと、「わたくし、こんなこともしておりまして……」と何枚も何枚も名刺をいただくことがあります。以前お仕事で行った青森では7枚の名刺を持つ人に出会いました。東京ではようやく「会社員が2枚目の名刺を持つ」なんてことも広まってきていますが、地方のほうが、肩書きではなく個人名での働き方がよっぽど進んでいるのかもしれません。

私も、名前が肩書きに勝つような存在になることを目指しています。たとえば、リリー・フランキーさんや星野源さんなどは活動の範囲が幅広く、どの分野でも結果を出しているので、結果的に肩書きがわかりづらくなっています。

肩書きにとらわれないこういった働き方はこれからのスタンダードになっていくように思います。見る人によって肩書きが違う人、肩書きがわからない人がこれからは絶対に多くなっていきます。

これまでは**「何をしているのかわからない人」**というと悪口のように聞こえましたが、**今後は同じ言葉が誉め言葉になってくると思います。**ただ、自分の名前を肩書きにするまでには、肩書きに頼る期間が必要ですし、自分が何者なのかをわかりやすく相手に伝えるためには「肩書き」を準備しておく必要があると考えています。

肩書きで自分のやりたいことをわかりやすく伝える

会社というわかりやすい看板がないフリーランスになると、常に相手から肩書きを尋ねられます。

名前で仕事が出来ない、つまり何者でもない間は「私はこんな者です」と自ら説明が必要なんです。その時に肩書きは、自分が何をしているかを端的に相手に説明出来る手段です。

自分で肩書きをつくりだすのも一つの手ですが、ぴったりくるものが思いつかない間はわかりやすく伝わる肩書きを名乗るほうが、無難なように思います。自分は何者かの説明のために肩書きをつけるのに、肩書きまで説明が必要だったら、説明が複雑になりますからね。

でも、わかりやすい範囲でちょっと興味をひく肩書きをつけることはアリだと思います。

つっこみどころのある肩書きをつけるのも戦略の一つになると思います。ただし、その場合、イメージしやすい単語を選ぶ必要はあるかもしれません。たとえば「菓子パン研究家」などにすると、菓子パンの専門家の人なのだな、とわかりやすくイメージが湧きますよね。

けれど、〝スーパー・コンテンツ・クリエーター〟のように（今適当につくった肩書きです）、カタカナ、かつその単語が相手の頭の中から聞きなれたイメージを引き出すものでない場合は、逆に、あなたが何者かをわかりづらくしてしまうと思います。

私の場合は肩書きとして、「ブロガー・作家」を名乗っています。「ブロガー」は、ブログが本になったのがメディアに出るきっかけだったので、ブログに力をいれていない今でもルーツを示す言葉として、大切に使っているんです。

また、テレビ出演などの際にブロガーと紹介されると、私を知らない方にも「この人はネットから出てきた人なんだ」とわかってもらいやすく、検索もしてもらいやすいという強みがあります。

検索してもらった時にきちんと自分を知ってもらえるように、ブログには自分のプロフィールや著作をまとめたページを設けています。ネットを活動の主軸にしていく人は、ネットのどこかに、ちゃんと自分のプロフィールやポートフォリオをまとめておくといいと思います。

肩書きを「ブロガー」だけでなく「作家」と併記することで、本を書いている人だと伝わりやすいという利点もあります。

メディア側が肩書きを用意してくれる場合、「コラムニスト」や「エッセイスト」などの肩書きがついていることもあるのでそれはそのままにしています。ただし、「ライター」と書かれている場合は必ず、作家に直す、というこだわりがあります。

作家とライターはどちらも同じく文章を書く職業ですが、ライターという単語を使った場合は自分で媒体を持たずに、取材をしたり、何かを紹介したりするというイメージを私は持っているからです。対象者に取材して記事を書くことは私の場合はなく、すべて自分発信なので、「ライター」と「作家」には領域の違いがあると思っているわけです。

以前、ネット上のまとめ記事で「ライター」としてまとめられた際、ツイッターで「ライターと書いてある時は作家に直している」と発言したところ、大炎上してしまいました。

私としては職業の優劣なく、ライターと作家では創作領域が違うことを指摘したつもりでしたが、作家＝小説家だと思う人や、いくら本を出していても賞を取らないと作家とは言えないと思う方がいたりして、それが炎上をどんどん大きくしてしまったんです。

このように、既存の肩書きを名乗る際は、その肩書きへのイメージの違いで誤解を招いたり、時には大御所と呼ばれる方に「あなたなんて本当の●●ではない」と言われる可能性もあります。

「ライター」と「作家」は明らかに違うと思っている私も、放送業界において「プロデューサー」と「ディレクター」は何が違うのかなどはよくわかっていないので、**肩書きへの定義や思い入れは、人それぞれ**なのだと思います。

わかりづらい肩書きをつければ、人に自分が何者かをわかってもらえないし、わかりやすい肩書きをつけたらつけたで、誰かの反感を買う場合がある。だから、肩書きをつけることは悩ましいわけですが、その煩わしさを引き受けるのも、肩書きに責任を持つことの一端なのだと思います。

自分に肩書きをつけるのであれば、人の肩書きは否定しない

先述の「作家論争」での炎上にあたっては、多くの意見を目にしました。「作家」という肩書きに対して「本を出しているのだから作家と名乗ってもいいはず」と言ってくれる人もいる一方、「お前が作家を名乗るな、作家先生のつもりか」「賞も取っていないのに作家を名乗るなんて恥知らずだ」と罵るつぶやきもたくさん来ました。

それを見て、胸をえぐられるような気持ちになりましたが、なぜ、肩書きを否定されるとこんなに傷つくのか、その理由をうまく言葉に出来ませんでした。

そんな時、とある方の**「肩書きはその人の志だ」というつぶやき**を見て、はっとしたんです。志を否定されたから、こんなに傷つくのだと。私は「お前なんか作家じゃない」と言われたことで、私自身の「書いていきたい」という志を否定された気持ちになって、傷ついたんですね。

最初の本を出してから、もう10年以上、毎年一冊以上の本を出していますし、自分なりに書くことには真摯に取り組んできたと思っていただけに、世の中から冷や水を浴びせられた気になって、いまだにこの事件のことはひきずっています。

そして、このことがあってから本を売るチャンスのすべてに今まで以上に、しっかりと取り組もうと思いました。テレビニュースのコメンテーターやクイズ番組に出ることもやめました。

肩書きを気にしない人にとっては、どうでもいいような話かもしれませんが、不用意に人の肩書きを否定することは、その人の意志、ひいては生き方まで否定することにつながります。少なくとも、私はものすごく根に持っています。

世の中にある肩書きから自分の肩書きを選んだ場合、「お前なんて本物じゃない」と言われる不自由さがありますよね。

そして、まだ誰も名乗っていない肩書きを名乗るとそれはそれで見下されて「何それ（笑）」という反応になります。

今でこそ「ユーチューバー」は子供が憧れる職業になりましたが、ちょっと前のユーチューバーはそれこそ「ユーチューバー（笑）」でした。肩書きの持つイメージは時代によっても変わるものです。結局、仕事をする上で、どんな人も肩書きからの呪縛に苦しめられるのだと思います。

肩書きをもらう人は、その肩書きが邪魔になってやりたいことが自由にやれないこともあるでしょうし、肩書きを自分でつくる人だって、肩書きの持つイメージに苦しめられる。

だからこそ**「自分の肩書きにはこだわって、人の肩書きにはこだわらない」**のが、私がかっこいいと思う「肩書き」への態度です。

肩書きもどんどん柔軟に着替えていく

肩書きにこだわる必要がある一方で自分を仕事にするのなら、**肩書きに振り回されない自分をつくる**ことも大切です。「セルフブランディング」という言葉がありますが、自分で先に自分のイメージをつくりすぎる、つまりブランディングしすぎると、それが足かせとなって身動きが取れなくなると思うのです。

人の考え方も、時代も、どんどん変わっていくことを前提に、**余白のある発信や行動を続け、肩書きを飛び越えた活動を恐れないこと**が、いつか自分を仕事にするには必要です。

転職すると会社名が変わるように、**肩書きも柔軟に着替えていく**のが、これからの時代に合った肩書きとの付き合い方かもしれません。肩書きはあくまで相手に説明するためのものなので、それに自分がとらわれて、肩書きの奴隷になるなんて、本当にもったいないことです。

肩書きを逸脱する行動は、批判の対象にもなるけれど、それは同時にその肩書きの新しい形をつくることでもあります。

たとえば私は、「作家を名乗るならテレビに出るな。タレントみたいなことをするな」と言われたことがあります。けれど、作家がテレビに出てはいけないなんてルール、誰がつくったんでしょうか。

誰かに禁止されているわけではないですし、他にも出ている作家さんはたくさんいます。何より、本が売れなくなってきている時代に、他の媒体で、本以外の切口から、自分や作品を知ってもらうきっかけをつくることの何が悪いのかわかりません。先ほど「クイズ番組には出ない」と言いましたが、昔、何度か出演したおかげで、書店員さんに「本は読んだことはないけど、クイズ番組で知りました」と言っていただいたこともあります。**自分のやってきたことはすべて、どこかで何らかの役に立っている**のだと嬉しく思いました。

作家にテレビに出てほしくない派の人の意見を聞くと、「作家」という職業についてまわる厳格なイメージが崩れるとか、作品の世界観が、作家本人を見ることで壊れるとか、そんな言い分を聞きますが、自身が「自分が出ると世界観が壊れるな」と思う人は出なければいいし、気にしない人は出ればいいと思います。それは、本人が決めることであって、外野がギャアギャア言うことではありません。

他には、私が電子書籍を積極的に出すことに関して、「作家なら紙の本を最優先すべき」ということも言われたことがありますが、これも、まったく納得がいきません。

私は、自分の本を、電子書籍でしか本を読まない人たちにも届けたいですし、海外在住で、紙の本がなかなか手に入らない人たちにも届けたいし、作者への印税率が高い電子書籍はこれから書き続けるための活動資金を得るという意味でも積極的に取り入れています。

新しいことを続けていると、きっと真似する人が出てきます。そして、どちらが生き残るかは時代が決めることです。

私は私がいいと思うこと、「時代はこっちの方向だ」と信じたこと、自分の興味が向くことをやるまでです。ただし、肩書きにとらわれて「こういうことはやっちゃダメだ」と思っている人たちは、そこがその人の限界だと思います。

縦に伸びられないなら、横や斜めに伸びてみる。その掛け合わせを新しい可能性や自分の個性につなげていく。そちらのほうが、より、その肩書きの可能性を広げると私自身は信じています。

自信のない不完全な自分のままでいい

書くことを仕事にしていると、自分の文章や考えに圧倒的な自信があると思われがちです。自分の本に自信がないというと「自信がないものを、お金出して読者に買わせるんですか？」と思ってしまう人もいるかもしれません。でも、不完全だからこそ、より良いものを更新して届けられるんです。**不完全さは、言い方を変えればのびしろ**ですから。

以前、アイドルが「顔に自信がない」と発言したことがネットニュースになってコメント欄が沸いていたことがあります。「ならアイドルになんてなるな」「整形すれば？」「ほんとはそんなこと思ってないでしょ」

自信があればあるで、なければないで叩かれる世の中。そういうものだと割り切らなければ表に出る仕事なんて出来ないんだろうけど「こういう風に生まれてしまった」ことと自分の目指す理想は別であり、**大事なのは完全無欠の自分になることではなくて、不完全な自分のまま理想に向かって努力すること**だと私は思います。

原稿を書いて、100%満足したことは一度だってないんです。ゲラチェックのたびに、直っていない間違いを発見して悲しくなったり、一度直した文章のつながりが妙に浮いて見えて、最初の状態に戻したくなったりして、もどかしく思います。

書いている自分の主張だって、何度も何度も読んでいるうちに「果たしてそうだろうか?」と反論が自分の中で湧いてきます。それでも〆切はやってくる。最終的には時間切れで、しょうがないから出すこともあります。完璧を目指したら、一生完成出来ないと知っているからです。

これは別に作家という仕事が特殊なわけではなく、どんな職業でも同じではないでしょうか。人に偉そうなことを言える立場ではないけれど、完璧な自信がある人なんていない、ってことだけは伝えたいと思います。

私だって、過去に書いた作品は読み直すと恥ずかしいです。書いた時と、考えが変わることだってあります。でも、それは今の自分がその時の自分より進化しているからだと思うのです。

もちろん、完璧に出来ないことと手を抜くことは違います。いい加減な仕事は、自分の黒歴史になるだけでなく、時には人を巻き込んでのトラブルになるから注意しています。

けれど、完璧じゃない自分を完璧にするために一生懸命仕事をする人が私は好きだし、不完全さを受け入れてくれる寛容さが世の中にもっと広まることを願っています。

自信をつけるための3つの方法

仕事は不完全でもしょうがないと言ったばかりですが、一方で、仕事をする以上、自信がゼロではいけないとも思うのです。

病院に行ってお医者さんが診察してくれた後に「たぶんこの病気なんですけどちょっと自信ないなぁ……この薬でいいのかなぁ」なんて言われたら不安になりますよね。あるいは、自分の家を建ててくれている大工さんが「今回の家はちょっと自信ないなぁ」なんて言ったら、冗談じゃない、って思いますよね。

プロは自分の仕事に誇りを持たなくちゃいけないし、自信のなさを人に悟られちゃいけないんです。

自信のなさは他の人に伝染するので、特にリーダーになるような人は、自信のあるフリをする必要がある。そのために、**自信をなくすものから適度な距離を取って、自信を保つことも仕事の一つ**だと思います。

自信というのは、要するに自分を信じる力です。自分を信じられない人が、他の人を信じるなんて出来ないはず。だから、自信のない人は自信をつける特訓をしてください。

人は周りにいる人にたやすく影響を受けますが、**自分が誰と一番一緒にいるかというと、自分**なんです。**成功している人は自分との打ち合わせの時間が長い。打ち合わせ相手を信頼出来ないといい打ち合わせも出来ない**から、自己肯定感を高くしておく必要があります。

根拠がなくても自信を絶やさないために、周りにも自信を保てる人だけを揃えておく必要があります。

とある時、私がネットでブスだと叩かれていることを知った男性読者の方から

「俺も外見に自信ないから気持ちわかります」というメールが来ました。でも、言われたいのは「わかる」ではなくて「お前のことブスっていうようなやつはおかしい。俺が全員ぶっ飛ばす」です。

私は傷の舐《な》め合いをしてくれる人じゃなくて、自信を回復させてくれる人が欲しいんです。「自信ないですよねー」って一緒にこそこそ嘆くような人とつるみたくない。一緒に笑い飛ばして、努力出来る人じゃないと嫌。

これは、夢にも置き換えられる話です。夢が叶わない時に言われたいのは「俺も夢が叶わなかったから気持ちわかるよ……」じゃなくて「お前の魅力をわからないやつらが悪いんだよ。次はいけるよ！」です。**一緒に上にいける、自信をくれる人とだけつるみましょう。**

自分の仕事の価値をわかっていると、他の人のことをけなさなくてすむので、自由な視点で世界を見られます。

自分の仕事に自信がないと、無理やり自分の価値を上げるために、人を落とさなきゃいけない。だから「あれはダメ、これはダメ」と、自分を正当化するためのルールが多くなるんです。

自分がやっていることに自信がある人ほど、人のやっていることも認めてあげられるんだと思います。自信がない人は理論武装して他を認めないことでしか、自分の存在意義を見出せない。だから、人を下げるほうへ下げるほうへと、行動と態度がむいていきます。

自信をつける一番の方法は、まずはよく寝て食べること。

人は基本的な生活が出来てやっと健康的な心を持てます。ご飯を食べてなくても寝ていなくてもイライラしますし、悲観的になります。きちんと寝てきちんと食べることをないがしろにしていると、バランスが崩れるんです。「私は弱い人間なんです」とか「自信がない」とか、自分という人間に欠陥があるかのように考えている人も、きちんと食べて寝ると落ち着いたりします。まずはそこから。

二番目に、先述のように、自信のある人を周りに置くこと。

三番目は、常に新しいことに挑戦すること。困難から逃げずに、乗り越えることです。**自信というのは、今まで出来なかったことが自然に出来た時に湧くものです。だから、逃げたい時ほど、あとちょっとで自信が得られるチャンスなんです。**

これらの3つの方法で、自分で自信をチャージ出来る人になってください。「自信」を他人任せにしてしまうと、誰かからの評価で簡単に自信をなくしてしまいますから。

他者評価が高いよりも自己評価が高い方が幸せなんです。自分に自信のない美人より、自信のあるブスのほうが幸せなんです。自分の「自信」は自分で守ってあげてください。

4

楽しそうなことにはどんどん飛び込む。

↓行動を多くし、決断を速くする方法

才能がなければ行動を早くする

「自分」を仕事にしようとあらゆる方法を試すなかで、意識してほしいのは、チャレンジする量を多くすることです。チャレンジする量が多ければ多いほど、当たる量も多くなるからです。だから、人より抜きんでた才能がないという自覚がある人ほど行動を早くして、量で差をつけるしかないんです。

そして**行動を早くするためには、決断を速くしてください。**

他の人が3日悩んで手を付けることに、1時間で結論を出して始めること。やると決めたらすぐに行動し、やらないと決めたら、二度とそのことは考えないで他の一手を考えること。その繰り返しが自分の戦闘能力をどんどん高めていきます。場数を踏めば、経験値は高くなります。その経験値は必ず自分の武器になります。

年収3000万円以上の人はお金より時間のほうが大事だという意識がしみついてるから、決断がめちゃくちゃ速いと聞いたことがあります。お金持ちが一番お金を払っているのは時間。流れていく時間をそのまま眺めているのは、お金がじゃぶじゃぶ流れてしまっているのを見ているのと同じなんですよね。

実際、いろいろな人を見ていて、行動が遅い人で仕事が出来る人やお金持ちの人を見たことがありません。しかも、そういう人に限って論理的でないことで悩んでいたりする。人からどう見られるかとか、恥をかくかもしれないとか。そんな負の感情に引っ張られて、やりたいことを自分の頭の中だけで終わらせるのはもったいないと思いませんか。

フリーランスになってからは、大企業の融通の利かなさや、意思決定の遅さにイライラしてしまうことが多くなりました。

逆に言えば、フリーランスが大企業に絶対に勝てるとしたらスピードなんです。向こうが本気を出す前にフリーの身軽さをフル活用して、差をつけるしかない。

これはケースバイケースで、相手を見ながら使わなくてはいけない手ですが、大企業と仕事をする場合、相手の上司や責任者の判断を待たずに引き返せないところまで自分だけで進めてしまうというのもありだと思います。自分が企業側の立場であるなら、なかなか出来ないことではあるけれど、自分がある程度個人として働けて勝算があるなら、先に少しだけ試しにやってみて、その結果を相手に見せると、意外と受け入れてもらえます。揺るぎない結果があれば、相手もそれを否定できなくなります。

以前、とあるプロジェクトで自分の手元で、数時間で仕上げられてしまう仕事に大企業の許可が必要になったことがありました。絶対に成功することは目に見えていて、関係者はやる気でいるのに、そもそもやるかやらないかの判断を来週の会議まで待ってほしいということと、会議で出す資料をつくってほしいということを伝えられ、やきもきしました。

これまでに何度も結果を出している類のお仕事だったので、今回も絶対に結果を出す自信があったし、自分でちゃちゃっと作業すれば、数時間以内に結果が見えることをするために、なぜ会議資料をつくったうえで一週間も待たないといけないのかまったく理解不能でした。その一週間の間に誰かほかの人が同じことを始めたり、関係者全員のモチベーションが下がるとしたらその損害はとてつもなく大きいと思うのです。

ただこれは担当者さんが悪いわけではなく、今のところ大企業の体質なのだと思います。こういう大企業体質は変わっていってほしいとは思っていますが、私一人でどうにかなる問題ではありません。

こういう時は、「実はこんなことをしました」と空気の読めないふりをして、結果を提出してしまえばいいと思います。

自分が責任をかぶるのだ、嫌われてもいいんだという覚悟さえあればそう難しいことではありません。**仕事を進め、自分の意志を貫くためには時には嫌われる覚悟が必要です。**

判断を自分のところで寝かせない

行動力がない人は時間の無駄の多い人で、人の時間をなんとも思っていないという特徴もあります。自分の決断が遅れることは、関係者を待たせることなんだという意識がない。

自分のところで判断を寝かせない。これは仕事を進めるための絶対ルールだと私は思います。問いを受け取ったらその場で一回考えて、判断がつかない理由を相手に伝えてください。追加で質問するとか、資料をお願いするとかなんでもいいから、ボールを相手に返さないと物事は何も進まず、ただ決まらないまま時間がたつ。

時間が無駄にたつということは関係者全員の士気が下がるということです。熱があるうちにやればうまくいったことが、熱が下がるとうまくいかなくなる。

物事をサクサク進められる人はスタートがとにかく早いんです。あんまり準備に時間をかけすぎると、その間に決心が鈍ったり、テンションが落ちたり、差がついたりすると経験則で知っているから、とにかく始めながら次の動きを考えている。

うだうだ悩む人もまた、行動力、つまり決断力のない人です。**3分で終わることを、心の中に3時間置かないようにしてください。** 3分で済んだはずのことに3時間かけていたら、損をするのは自分です。目の前のことに集中するために、終わることは終わらせてから次に行きましょう。返せるメールはイエスかノーだけでも瞬殺で返す。電話はすぐに折り返す。読みたい本は買っておく。そういうことを、自分ルールとして徹底してしまえばいい。

自分が早く動けば、その分の時間の余裕を相手に渡せるんです。それは相手への優しさです。行動力がない人が得てして自分に甘く、他人に厳しかったり他人に無関心だったりします。それは、行動する時にそもそも自分のことしか見えていなくて相手のことを考えていないから、遅くても大丈夫、誰にも迷惑はかからないと思っているのでしょう。

でも、**動きが遅いというのは誰かを待たせていること**だということにもっと意識的になっていいと思います。

楽しいことに飛び込む時に躊躇しない

オンラインサロンやイベントなど新しいことを始める時、お客さんの中に必ず「私でも楽しめますか？」と聞いてくる方がいて「あなたの気持ちまで私はわからないよ」と戸惑ってしまいます。私がわかるのは、私が楽しいということだけ。私は私が楽しいと思うことを勝手にやるので、楽しそうだと思ったら参加すればいいし、そうでなければ見送ればいい。サロンやイベントなんて強制じゃなく、参加は個人の自由です。

楽しさの保証を主宰者に確認する時点で、大人が甘えないでほしいと本当は思っています。楽しそうかどうかは自分で見極めてほしい。そういう人には「大丈夫です！　楽しめますよ」と言っても、「でも●●だから不安なんです」と不安な理由が出てくる。

そしてその理由がちょっとズレていたりする。たとえば「私は地方に住んでいるので」など。そもそもオンラインサロンがオンラインの中で完結する企画だという説明ページをよく読まずに勝手に不安をつくりあげています。

他にも、決済はコンビニや銀行振り込みでも対応しているのに、クレジットカードを持っていないから心配だとか。まず、説明ページをよく読んでほしいです。そして、そもそも、クレジットカードを持っていないのはその人の問題なのに「クレジットカードを持っていない私のことを考えてほしい」と訴えてくる人もいます。銀行やコンビニも対応していると言うと、「行く時間がない」と言う。申し訳ないけれど、それはもはや私の解決すべき問題ではないから、あなたのほうで考えて、ということに延々と付き合わされる。

その挙句、「やっぱりやめます」の選択をされることが多いのです。こういうことが過去に数回あって、私は学びました。

「質問・注文が多い人は、お客さんじゃない」と。そもそも真剣に説明ページを読めばわかることを聞いてくる人は、真剣じゃないから、真面目に対応するだけ損だと。そして「私だけの特別対応」を求めてくる人はその後もずっと、特別対応を求めてくるから割に合わないのです。

もちろん、私のやっていることに興味を持ってくれる人を、私だって大切にしたいと思っています。取り組んでいることに自信がある時ほど、背中を押して巻き込みたい。けれど、それにだって限度があります。

サロンやイベントそのものに注力したい時に「参加するかどうか」で悩んでいる人に大量の時間は割けませんし、大勢を相手にする時に誰かだけに構ってはいられません。私だってこの身一つで仕事しているのですから。

ただ、「私でも楽しめますか?」の質問は本当にもったいないと思うんです。楽しもうと思ったら、楽しめます。不安なことにしり込みしてしまうのはわかります。でも、**楽しいことに飛び込む時に躊躇《ちゅうちょ》なんかしていたらもったいない**んです。その躊躇している時間に、楽しんでいる人たちに、人生を追い越されてしまいます。そもそも、**目の前を通り過ぎていくことのほうが多い毎日の中で「楽しそう」という一瞬の熱は、逃したらもう湧き上がってきません。**

直感が教えてくれたわくわくの芽を、この目で確かめないうちに摘んでしまうのはもったいない。楽しいことにはスピード速めに飛び込んで、激流に流されながら

「あ、今楽しいわ」と思うくらいでちょうどいいんだと思います。

歩きやすい靴と軽い荷物で運命を味方につける

「これは運命」と信じることがわくわくの始まりだと思っています。

いつもわくわくしていたかったら、今取り組んでいることが人生を変えると信じること。この仕事は、運命の仕事。目の前の人は、運命の人。そうやって**自分が信じた瞬間、運命になる**のだと思います。

そして、決定的でない、小さなことを運命だと思えるかどうかが自分の運命を決めるとも思うのです。偶然どこかで会ったり、タイミングよく噂を聞いたりした時に、それを運命だと信じて連絡を取ることが、その先の大きな出来事につながったりします。すべての大きな出来事は小さな出来事の積み重ねでしかないわけだから、小さなことだって大げさにとらえて行動を変えてみると、そこから運命が変わっていきます。

知り合いが「●●なう」と自分のいる場所の近くの場所をツイートしていたりする。その時に「ふうん」と思って携帯を閉じるか「これって運命かもしれない」と思ってみるかでは全然違う展開になります。たとえば、そこから連絡を取って、30分だけ会う約束をしてみたりすることが自分の運命を本当に変えてくれるんですよね。

運命を常に味方につけるためには、フットワークを軽くすることが何よりです。そしてフットワークを軽くするためには**優先順位をはっきりさせること**と、**荷物を軽くすること**が大事だと思います。優先順位が曖昧だと、決断に迷いが出て、うだうだしているうちに運命的な瞬間を逃してしまう。荷物が多かったり重かったりすると物理的に移動が面倒になるので、これまたチャンスを逃してしまいます。歩きやすい靴を履いていて、荷物が軽かったらちょっとの移動は苦になりません。いつも軽やかな気持ちでいるために、靴と荷物の重さにだけは注意してみていいかもしれません。

「みんなは楽しそうでいいなぁ……」といつも羨ましがってる側の人ってただフットワークが重いだけの人が多いように思います。イベントに誘われたら行ってみる。本や映画をオススメされたら、買ってみる、行ってみる。そんな風に誰かの誘いにのってみるだけで人生はものすごい勢いで変わっていきます。

そんな小さなことで？　と思うかもしれませんが、本当に、ちょっとメイクして、着替えて、外に出るだけのことが出来るか出来ないかで、人生って変わるんですよ。

仕事が出来る人・モテる人は、皆ノリが良くて突然の誘いでもさっと集まれます。

少し躊躇するようなこと……たとえば「日帰りで京都行かない？」などの誘いでも割とノる人がいます。日帰り京都というのは、お金もいることだけどお金を持っていてもノリがないと来れないはず。**行く行かないの判断と日程調整に時間がかかる人はダメ**です。

ノリがいい人たちとのお付き合いに慣れてしまうと、そうじゃない人とのお付き合いは疲れてしまいます。何かするのにいちいち時間がかかりすぎるから。映画見るとかご飯に行くくらいの軽い決断に時間がかかる人が、仕事出来るとは思えない。

忙しい人のほうが返信が早いし、決断が早いし、仕事が出来るし、面白いし、新しいことを知ってるし、約束守るし、モテます。だから**付き合うなら、暇そうな人より、忙しい人**がいいと思います。その際は、**忙しくてつらそうな人ではなく、忙しくて楽しそうな人**というのもポイントですが。

一人の人がそんな完璧な要素を全部たまたまラッキーにも持ち合わせているのではなく、フットワークが軽いとそういう能力が全部磨かれるんです。

経営者の人って、遊ぶ時も全力です。そして、誰かの遊びに付き合うより、自分から声がけして会を開いてる人が多いように思います。

仕事も遊びも能動的に動いてると疲れないんでしょうね。受動的になると、付き合わされてる感じになって疲れてしまう。**すべてのことに積極的に飛び込む人は、その前のめりな姿勢が、その人を、そして周りを面白く見せているのでしょう。**

5

あたりさわりのない、いい人のままで終わらない。

→人を惹《ひ》きつける方法

いろいろな自分を使い分ける

「自分」を仕事にしていると、自分が何人もいるような感覚にとらわれるかもしれません。ネット上の自分と現実の自分が違うのと同じように、Aの仕事をしている時の自分とBの仕事をしている時の自分はまったく違うような感覚に陥る。でも、それでいいんだと思います。

人は、コミュニティごとに違う自分を持ちます。家族の前では家族の顔。恋人の前では恋人の顔。友達Aちゃんと友達Bちゃんの前では出てくる自分も違うはず。年上の人と付き合っている時には妹キャラだったのに、年下と付き合うとお姉さんのように面倒を見てしまうという人もいる。

誰の前でも同じ自分でいられる人はいないんです。それに、一口に家族とか友達とかいっても母親に対する自分と兄弟に対する自分は違う自分だろうし、恋愛の相談は出来るけど仕事の相談はしづらい友達や、逆に仕事の話は出来るけれど、恋愛の話はしづらい友達もいるかもしれません。

どんな人だって、相手によって出す自分を調整しているはず。それがコミュニケーション能力だと私は思います。

だから、仕事の時も仕事によって出る自分は違っていいと思います。

自分は常に更新され、**新しい仕事や新しい人間関係の中では新しい自分に出会うことになる**と思います。

その中で「本当の自分とは？」なんて悩む必要はなくて、**理想の自分だけを意識**

してみるとスッキリします。自分の在り方に迷った時は、「理想の私ならどうするか」を考える。

本来の私は、人前であまり意見を言えないタイプです。

学生時代は教室の中で、自分の意見を言って注目を浴びるのも嫌だったし、反対意見は常に引っ込めてきました。みんなと違う意見を持つのはよくないことだという思い込みがあったんです。けれど、海外に住んだり仕事をするようになって徐々にその考え方は変わっていきました。

自分の意見を言えないと、それがそのまま自分の作品や意見となって、世の中に出てしまう。そのほうがよっぽど怖いと実感したからです。だからここで意見を言ったら嫌われるかな、という場面で嫌われたくない自分をぐっとおさえてちゃんと意見を伝えるようにします。嫌われないために意見を引っ込める自分ではなく、人に嫌われたとしても、意見をちゃんと言い切る自分のほうが理想だからです。

「どうでもいい人」にならないために

可もなく不可もなくという人がこの世で一番面白くないと思っています。いい人だけどつまらない人より悪い人だけど面白い人のほうが私は好きだし、そういう人と一緒じゃないとわくわくするようなことは生まれません。

思い返せば、何年たっても心にずっと残っている意見は極端な意見のものが多いです。**誰かにとって偏った意見のほうが時として強く自分に寄り添ってくれています。**もしかしたらそれは、誰かにとっては傷つく意見かもしれませんが、そういうものが、心を支えてくれることが多いのです。

だから私は、いびつな意見を発信している人が好きです。予防線をはりまくって全方位に配慮したような意見は、読んでいて時間を無駄にした気分になります。間違ったことを言っているわけでなくても、倫理的に正しかったとしても「だから何？」以外のなんの感想も湧いてこない。

身を切らない意見、批判を恐れて誰でも言いそうなことを丸く言っている人を見ると、そうやってせいぜい周りと衝突しないことを目的に生きてくださいね、と白けてしまいます。

いい人はどうでもいい人だとよく言われますが、**誰かにとっての偏った意見だから、誰かにとっての大切な意見になるんです。**安全圏であたりさわりのないことを言う人の言葉に、誰かの人生を変えるだけの重みがあるとは思いません。言葉を使うということは必ず誰かを傷つけます。傷つけていないと思っている人は無自覚な人だけです。だからこそ、傷つけているかもしれない自覚を持ちながら、勇気をもって発言する人が私は好きですし、そういう人の生きる姿勢や覚悟に心を奪われます。

これから発信を武器にしようと考えている人には、覚えておいてもらえると嬉しいです。

初回のデートは2時間以内で余韻を持たせる

恋愛では最初のデートでいきなり長時間のアポを設定せずに「もう少し会いたかった」と余韻を持たせることが、自分に好意を持ってもらうテクニックだと言われています。それは仕事にも言えて、自分の**会いたかった人と会う時、私は出来るだけ短時間集中で会いたい**と思っています。グダッとした雰囲気にならず、集中して相手と会話のラリーができるのは最長2時間くらいだと思うし、それ以上粘っても、ダラッとした空気の中で生まれるものって、絞りカスのようなものなんですよね。

これはちょっと悪口のようで気が引けますが、広告会社勤務時代、クリエーティブの仕事は「粘れば粘るほどいいものが生まれる」と思われていました。だから、もう案は出きっているのに「あと一案考えてみよう」「まだ出せるのでは」と会議室に居残り、残業が増えたりしたものです。けれど正直言って、そのどんよりした空気の中で生まれる「あと一案」よりも、翌日、仕切り直してもう一度考える「あと一案」のほうがクオリティーが高かったように、今となっては思います。また、今振り返れば考える時間よりも雑談の時間のほうが長かったようにも思います。雑談の中から生まれるものもあるとは思いますが、雑談のための残業をするくらいなら早く帰りたいというのが新入社員の正直な気持ちでした。

そして、時代は変わりました。当時私がいた会社も、今は残業にかなり厳しくなって、仕事は効率重視になっているそうです。そんな流れの中で、**短時間集中を小**

刻みに繰り返すほうがいいという考え方は、これからもっと浸透するのではないかと思います。

相手をまだ知らない・自分が知られていない間は、自分の一番おいしい部分だけを味わってもらいたい。お互いにフルテンションで、熱をぶつけあうような議論がしたいです。だからこその短時間集中。そんなに深い仲ではないうちは相手に「こいつ、案外つまらないな」と思われないように、まだお互いに食べ足りない感覚を持ちながら別れることが次につながるコツなのではないかと思います。一回の時間を短くする代わりに、会う間隔は短く、頻繁に会うのをオススメします。

会えない時は、連絡するだけでもいいと思うのですが、こまめに、何度も会ったり話したりするなかで、お互いの今まで知らなかった別の一面が見えたりして、信頼関係は出来ていくものだと思うのです。

自己紹介は相手へのエサやり

誰かと初めて会う時、自己紹介は大切な会話の糸口になります。**自己紹介は、基本的には自分のためではなく、相手のためのもの。**共通の話題を探したり、お互いに歩み寄るために相手にとって「親切な自己紹介」を心がけるといいと思います。

もちろん、会う相手の下調べをしておくのは、会っている時間を最大限に生かすための礼儀だとは思うのですが、そういうチャンスがなかった場合、相手に自分を面白いと思ってもらうためには、自己紹介で相手の食いつくネタを、いくつか挙げるといいと思うし、人生において、自己紹介をする機会は何度となくあるのだから、あらかじめ、自分を売るためのキーワードは用意しておいたほうが効率的です。

たまに自己紹介がないがしろな人に出会います。「名乗るほどの者でもないんで」とか「大したことはしていないんです」とか。自分の仕事を説明する時に「大したこととしてないんです」と言う人とは、ちょっと馬が合わない気がしてしまいます。それよりは生き生きと自分は何者で、今どんなことをしているのかを語ってほしい。

自分にとって詳しく語れるキーワードを提供してくれない人って、本人は「自分なんて大したことないから」と謙遜しているつもりなのかもしれないけれど、すごく不親切です。話している相手の情報がまったくないと、世間話以上の会話が出来ず、苦しいものです。自己紹介は、過去の経歴もさらっと含めつつ「自分は今何をやっているか」を語るのが一番いいと思っています。**喋っている本人の「今」が見えてこない相手を私は信頼できません。**これまでのことでもなく、これからのことでもなく、人生は「今」が大事なんです。今はこれまでの人生の積み重ねだし、これからは今がベースになっているわけですから。

喋っていてダメな人ってすぐにわかります。夢は多く語るくせに「今そのためにやっていること」が全然出てこないんです。やろうと思っていることはたくさん話してくれるけど、「ではそのために、今やっていることは？」と聞くと何一つ出てこない。**今動いてないものが、いきなり将来動くことはない**んです。今、相手は何に夢中で、それは将来のどんなことにつながるのか。それを的確に伝えてくれると、頭の中でピピッと自分の「今」と相手の「今」をなんとかしてつなげられないか、アンテナが動きます。

私なら「ネット時代の作家の道をつくる」ことをモットーに活動しているので、そのために、今こんな本を書いていますとか、本以外にネットでこんな風に作品を売っていますとか、本の製作費を稼ぐためにオンラインサロンを活用しています、などの話をします。よく将来どうなりたいのか聞かれますが、私はいつか「作家」という職業が語られる時に、「あの人は、ネット時代の新しい作家の道をつくったよね」「ネット発の作家の代表格だよね」と言われてみたいんです。だからそのために、ネットと紙、どちらかに偏らないように、媒体を横断した発信を続けたいと思っていることを言い添えます。

「人に合わせる」のはいい子なんかじゃない

「人に合わせることが出来る」のは日本的価値観では、いいことだと思われているし、一見、人に合わせている人のほうがいい人に思われることが多いと思います。けれど、私は逆だと思うのです。

本当は決断を下す人が一番大変です。人に合わせて我慢してる自分をいい人間だと思ってる人たちは、決める立場に立った時に初めて、これまで進む道を決めてくれていた人に感謝すると思います。**合わせることより、決めることのほうが何倍も疲れる**んです。

たとえば一緒に旅行に行く相手に「全部任せるよー」と言われたら、嬉しいですか？　リサーチと決断をすべて任せて、いつのまにか相手を責任者にしてしまっている。これは、優しさなんかではなく、無神経です。

意志のない人、つまりやりたいことのない人といると、本当につまらない。やりたいことがある人といると、物事が進みます。友達同士のランチをセッティングする場合でも「どこで食べる？」と聞いた時に「どこでもいいー！」と言われて後から、ああだこうだと注文をつけられたらむかつきますよね。「中華っぽいの食べたい」とか「行きたいお店があるんだよね」と言われたほうが、サクサクと場所決めが進みます。

世の中には、悪気はなくても自分の意見がまったくない人がいます。そしてその意見がない人たちは、自分のことをいい人だと思いがちです。でもそれも、他の人に負担を押しつけてるだけだと思います。**意見がない人とは会話が続きません。**そういう人はこちらが質問をすると答えてくれても、質問をこちらに返したり話を広げてはくれないのです。

興味の対象が自分だけなので、自分が答えるだけで、この場での役割は終わっていると思っている。でも、なんでそんな風に「勝手に盛り上げてください」というお客さんの立ち位置にいるんでしょうか。自分もその場の一員なら、自分から話題を提供して、相手にも話をふらなくては。

いい会話は、お互いに相手に興味があって、お互いにその場へのコミットがないと成り立たないと思います。

会話を広げる質問を投げるのが大人のマナー

以前「人見知り」を自称する女の子と仕事でご飯に行くことがあったのですが、人見知りではなくて、単純に気遣いのない人だと感じてしまいました。こちらが質問するまで、何も喋ってくれないんです。向こうが喋らない、こちらも喋らない……では黙ったままで時間が過ぎてしまうので、いろいろな質問を投げてみるのですが、彼女の返答は、本当に質問に対してイエス・ノーレベルの返事をするだけ。こちらに質問を投げ返してくれたりしないから、会話が全然広がらない。次から次へと質問を出して場をつなぎながらこの人、人見知りの皮をかぶった、自分大好き人間だな、と思いました。

向こうは「相手の質問に答えてあげた」気になっているのかもしれないけれど、

一緒に時間を過ごす以上、お互いに相手への興味を持って、質問をし合うのってマナーだと思うんです。**質問をしない＝「あなたには興味はありません」という態度。**自分のことしか考えていない鈍感な人だな、という印象を受けました。

話って、相手がどんな人であっても、引き出してあげないと出ないもの。私も、インタビューされる時は、勝手にテーマに沿って喋ることなんて出来ないから、インタビュアーさんに質問を用意してもらって、話を引き出してもらいます。引き出してもらうことで喋りが成立するんです。だからこそ、適切な質問を出してくれる人はうまいインタビュアーだな、と思います。放っておいても面白い話を次から次へと出来る人なんてプロの芸人さんだけ。私たち一般人は、つまらない者同士お互いに探り探り、美味しいところを探さなきゃいけないんです。この共同作業、どちらかがさぼると、成り立ちません。

親しくない人との会話ではお互いに話題を探りつつ、相手との会話を広げるために、深く掘り下げる質問をしてあげるのが大人の態度。質問を多くするほうが、相手よりも多く気を遣っています。**「喋らせてあげよう」という気遣いのない人は嫌われます。**

一方で、相手が憧れの人や有名人だった場合、質問攻めにして相手を疲れさせてしまう、という失敗も見かけます。仕事でインタビューを受ける機会の多い人にインタビューと同じような質問をしてしまうのは、仕事をさせているのと同じこと。仕事領域ではない質問や他の人はしない質問をしたりと質問内容にも気を遣った上で、質問攻めにしないように、うまく会話を広げてあげることが必要かと思います。

何気ない会話でも、質を上げるにはテクニックが必要なのです。けれど、**会話がうまい人は仕事力も高い**もの。時たま、人と喋ることが苦手だという人もいるけれど、人とつながるには話すことと書くことくらいしか出来ないのだから、生きている以上、苦手でも磨くしかないと思うのです。人生には、苦手だからといって、逃げられるものと逃げられないものがある。会話なんて特に人を巻き込むものだからこそ、苦手な自覚があるなら、磨く必要があるのではないでしょうか。

出会いを増やしすぎない

昔は世界中に友達が欲しいと思っていたこともあったけれど今は逆で、あんまり、たくさんの人に会わなくてもいいやと思っています。必要な人がそばにいれば、それでいいんです。もちろん出会いは大事にしているのですが、大事にしているからこそ、むやみやたらに増やしたくないというのが本音。**人と会いすぎると一回の出会いの価値が下がる**ように思うのです。

ナンパ師の人と一時期仲良くしていました。彼は出会い系のアプリで次々と、女の子とアポを取り付けて、毎晩別の女の子とデートしていたんです。一日、2アポ、3アポは当たり前。仕事が終わったらデートからデートに駆けつける毎日。デートがうまくいかなくても、翌日にはまた新しい女の子とデートがあるから、自分の悪かったところを反省したりしない。ちょっといいなと思ったら時間をかけずにすぐに体の関係になってしまうから、なんとなく相手を軽く見てしまって、結果気持ちも軽くなる。ナンパもどんどんして、連絡先を聞いて、ラインでやりとりするけれど、もはや大勢と出会いすぎていて、誰が誰だかわからない状態。

ラインの未読件数は常に100を超えていて、一回一回のやりとりも、だんだんとテンプレートになっている文章を送るだけになっていきました。テンプレのメッセージを送ってアポとって、デートして、ヤレるか、ヤレないかの勝負。ヤったらすぐに顔も相手の名前も忘れて、時たま「何やってるんだろう、こんなこと終わらせなくちゃ」と思ったりもするけれど、たまっているラインに返信しているとやっぱりまたナンパゲームをしてしまうんです……なんて言ってましたね。

その人はナンパのおかげで人見知りが治り、女の子への恐怖心も克服できたそうなので人生にはそういう時期も必要なのかもしれませんが、おそらく、長くは続けられないと思います。**使い捨ての出会いを増やしたところで、自分が消耗するだけ。**毎日、捨てるほど多くの出会いがあったら本当に大事な出会いがあったとしても気づけなくなります。

私は社交的ではなく、大勢の人と一度に会うような会が好きではないので、一回一回の出会いを大事にするために、自分の許容量を超える出会いをつくらないでおこうと思っているのです。**お互いに「会ったことある」だけの人にならない。**新しい出会いをセーブして空いた時間は大事な人と自分のために使います。

嫉妬する気持ちは好きに変換して受け入れる

人生に面白いことがないと言う人は、面白いこと＝罪だと思っている人が多いです。我慢の多い人生だったのかもしれません。そういう人は、「自分はこんなに我慢しているのにあいつは楽しそうにしやがって」と人生が面白そうな人に嫉妬します。

嫌だと思うことを我慢していると我慢するのが普通になって、だんだんと**嫌なことをやっている自分を正当化したくなる**んですよね。

だから、好きなことをやっている人のことが憎たらしくなって攻撃したくなります。

そうなると、**自分の人生を上げることではなく、誰かの人生を下げることに力と**

時間を使うようになる。そのためにいつも他人ばかり見てますます自分に向き合う時間がなくなっていくという悪循環が始まります。他人を見ている時間に自分を見るか、人が面白そうにしていることに思い切ってのってみると人生は面白くなっていくはずです。

私にも、誰かに嫉妬してしまう時はあります。自分が終わらない原稿を書いている時や夜のふとした時間に、誰かの輝かしい成功や面白そうな瞬間を見ると自分だけが頑張っているのに報われなくて、人生を損しているような気になってしまう。

でも**嫉妬の中には「本当は自分がそうなりたい」という憧れがある**のだと思います。

だから、ダークサイドに流れそうな自分を力わざで元に戻して**「私、あの人に憧れてるんだ。つまり好きなんだ」**と思うようにしているんです。

可愛くて才能あふれる人に、嫉妬していたことがありました。その人を見ると自分がみじめになってどうしようもないのですが、つい気になって、見てしまうんです。

その人を、見ないようにしようと思ってもどうしても追いかけ続けてしまい、いよいよその人の活躍のステージが上がっていることを知った私は、これ以上嫉妬していても自分が苦しくなるだけだと思って、思い切ってその人にファンとしてメッセージを送ってみました。

すると、なんと相手も私を知っていてくれただけでなく、嫉妬するほど気にしていてくれたということがわかりました。メッセージを何度か交わした後、実際に会ってますます好きになり、その後一緒にご飯に行って何時間も、語り合いました。

話しながら「2年前彼女を知って、嫉妬し始めた時、心のどこかで『いつかこうやって、ご飯を一緒に食べてみたい』って思っていた気がする……」と思ったんです。

そもそも、**あまりに自分から遠い人のことは嫉妬すらしない**んですよね。自分に近いところがあるから、嫉妬しちゃうんです。でも、近いってことはいつか会ったり、自分がそうなる可能性もあるということ。嫉妬する気持ち、一回自分の中で受け入れてしまって好きに変えてみればきっと楽になります。

嫉妬する自分は醜くて暗い。

嫉妬する時間が長いと、自分がどんどん嫌いになります。でも好きな人のことを考える時の自分は前向きで明るい。好きな人のことを考えていると、自分もいつかそうなるんだ、という気持ちが自分を前に引っ張ってくれます。

SNSでは出し惜しみしない

今は、信頼がお金に換わる時代。お金がない人は、お金がないことではなくてこれまで信頼を培ってこなかったことを反省してください。

ネットでは信頼度がフォロワー数に可視化されています。フォロワー数は、ネット上だけのことで現実世界を反映していないと思う人もいるかもしれません。けれど、**今、ネットは、現実以上に力を持つこともある**んです。

ネットの風評だけで、広告の契約があっさりなくなったり、ネットのクチコミで物を買ったりやめたりするなんて日常茶飯事です。友達の近況だって、頻繁に会う人以外はネットで知るという人のほうが多いのではないでしょうか。現実世界よりもむしろネットに向かっている時間が長い人だって多いはず。私もそうです。

私たちは現実とネットの世界を行き来しながら生きているのだから、ネットの世界はすべてではないにせよ、決してないがしろにしてはいけない世界です。フォロワー数はお金では得られません。でも、こういう**お金では得られない力を持っている人が、いつの間にかお金を得る人生を歩みます。**

フォロワー＝応援してくれる人の数ではないかもしれないけれど、少しでも興味を持ってくれている人、自分のことを知ってくれている人とつながる手段ではあるのだから、自分を仕事にしていく人はその力を見くびらないでください。ＳＮＳだって信用をつくるツールなのに、信用をなくすことに使っておいて「お金がない」って言ってる人を見ると、そりゃそうだという言葉以外、出てきません。

キングコングの西野亮廣さんは、自分のＳＮＳを友人の応援に惜しみなく使える人です。自分がいいと思った商品や本や人を、がんがん宣伝します。現代ではSNSパワーはお金に換算できる価値があるのだから、自分のSNSで何かを取り上げるということは自分のおごりで宣伝してあげているのと一緒。**人を動かす人は、SNSも人のために使っています。**人の足を引っ張るような使い方しかしていない人は、見習ってほしいと思います。そして人のためにどんどん自分の持っているものを使っている人は他の人からの信頼を得て、自分もどんどん、力を持っていきます。**出し惜しみしない。せこいことをしない。それが、ネット上での信頼度を高めるための方法**です。

好きな人と仕事をすると時間が増える

人生は短くて、現代人は忙しい。仕事を終わらせて、友達と会って、家族サービスもして……となると、自分の時間がどんどん削られていきますし、どこにどう時間を割くかの優先順位づけが難しくなります。友達のための時間を増やせば家族のことがないがしろになり、どちらも完璧にしようとすると仕事付き合いがおろそかになり……すべて完璧にするのはどうやったって無理です。それなら、すべてくっつけて**一石二鳥の時間を増やすこと**が一番だと思うのです。

仲良しの友達は、どんどん自分ごとに巻き込みましょう。見たい映画や行きたいイベント、自分が所属するオンラインサロンなどに友達も「一緒にどう?」と誘ってみる。こうすると自分の時間と友達付き合いの時間が同時に取れます。

以前、私は「自分の趣味に友達を巻き込むのは申し訳ない」とか「誘ったイベントやお芝居が面白くなかったら申し訳ない」と遠慮してしまって、なかなか誘うことが出来なかったんです。

そもそも学生時代、友達が少なかったものだから友達に対しても身構えてしまうところがあって。友情を大事にしなくちゃいけない、と思うあまりに友達をこんなことで呼び出してはいけない！　とか、こんなしょうもないことで連絡したら申し訳ない！　と思いすぎて、友達を誘うことが自分にとっては結構大事《おおごと》だったんです。

同じ理由で友達に頼るのもダメなことだと思っていて。でも、そうやって友達と関わる機会を減らしていったらどんどん仲良くなるきっかけを失っていったんですよね。大人になってやっと、**理由なく連絡したり会えるのが友達**だとわかりました。

友達だから気軽に連絡出来るんじゃなくて、気軽に連絡するから友達になっていくのだということもわかりました。

それから、**友達との仕事をつくって仕事仲間になってしまう**といいと思うんです。

そうすると、仕事の時間が、友達と会う時間にもなるから仕事が楽しくなるというメリットもあるんですよね。

友達は友達、仕事仲間は仕事仲間で分けたいという人もいるかもしれませんが、仕事仲間と社外で会ったり、友達と小さなプロジェクトをやるところから始めてみるといいと思います。そもそも友達というのは、**生き方や価値観において共通点があるから友達になっている**わけです。これは個人差もあるかもしれませんが、私の場合は、友達付き合いは広く浅くよりも、狭く深く派です。同じ相手ととことん、関係を深めていきたいんです。となると、一緒にいる時間や、共通の話題を増やすために一緒に仕事が出来たほうが、効率がいいんですよね。

6

こだわりも熱意もない仕事はただの作業だ。

↓信頼を得る仕事のやり方

目の前の仕事は、仕事なのか、作業なのか。無駄なのか、手間なのか。

「無駄をなくして、手間を増やせ」。昔、上司に教わって今でも思い出す言葉です。**ちゃんと利益につながる時間なら、それは手間。その手間をかけることによって利益が出ないなら、それは無駄。**仕事の時はいつも「手間なのか無駄なのか」を確認しないと無限に忙しくなるだけで、利益は減っていきます。

そして、よく言われることですが、作業と仕事は違います。

会社員時代、後輩に仕事を頼んだ時のこと。数時間したらその子が目をキラキラさせながら戻ってきて、「これは出来ません！」と、その仕事を出来ない理由をリスト化して持ってきたんです。その様子はまるで、「実行不可能な理由を突き止めた自分を褒めて」といった感じでした。リスト化されたできない理由は当然知っていて、その上でそれらを突破する方法をいろいろ考えてみてほしいという仕事の依頼だったわけですが、その子はできないことを証明して、さも仕事をやり終えた気になっていたんです。

仕事をただ「やらされている」と思っていると、こんな風に作業を終えただけで仕事が終わった気になってしまいます。キャリアを積んだはずの社会人でも仕事をやっているのか・やらされているのかの区別がつかないまま、会社に行っている人は多いような気がします。

広告会社のクリエーティブ局にいた時代、営業さんとクリエーティブの先輩が喧嘩する場に居合わせたことがあります。クリエーティブの先輩が、営業さんに向かって「営業っていうのは、クライアントの要望を全部通す仕事じゃないんだぞ！

クライアント想いなのはいいことだけど、営業は御用聞きじゃないんだ。お前はどっちの会社の社員なんだよ！」と声を荒らげていたんです。

あっちの言い分をこっちに、こっちの言い分をあっちに届けるだけではただの伝書鳩。そうではなく、向こうの言い分と、こっちの言い分のうまい妥協点を見つけて、仲介役になるのが営業なのに、自分の頭は使わずにメールを転送するだけで、仕事した気になってんじゃねえよ、というのがクリエーティブの先輩の言い分。私も同意見でした。

ただの伝書鳩になってしまっている社会人は、今でもよく出会います。広告案件での原稿執筆の際、間に入ってくれている広告代理店が、こちらの希望を一切無視して、クライアントさんの要望だけをこちらに飲ませようとすることは多々。

それは仲介役の仕事ではありません。仲介役ならあくまで、双方の要望の折り合いがつくところをうまく探らなくては。相手のメールを体裁を変えて転送してくるだけなら、私が直接クライアントさんとメールして交渉したほうがマシです。

本来、**目的に向かってするのが「仕事」であって、目的を忘れ、頼まれたことをただ終わらせることは「作業」でしかありません。**

そして仕事をしている人にとって、ただ作業をしている人って自分の仕事の質を落とす、足の引っ張り役でしかありません。こだわりや熱意のない仕事は、仕事だと言ってはいけないと思うのです。

仕事は作業の積み重ねという側面もありますが、どんな作業をすれば目的を達成出来るかを考えることが「仕事」だと思うんですね。この「作業」と「やらされ」ている意識から卒業しないことには、いつまでたっても「仕事人」にはなれず、やがて自分の仕事はＡＩにとってかわられてしまうと思います。作業なら、ＡＩのほうがむしろ完璧にやってくれると思うのです。

こんな風に偉そうにいろいろと述べている私も、「作業」と「仕事」の区別がついて「仕事」を意識できるようになるまでには何度も痛い経験をしました。

先に出した「出来ない理由のリストアップで仕事を終えた気になる」は、まさに私自身が会社員時代に先輩に注意されたこと。

「『出来ない』ではなく、それをやるために作業の整理をするところまでがあなたの仕事だ」と言われてハッとしました。多くの作業に追われて、さらなる先輩からの追加注文に逆ギレして「出来ません」と言った私でしたが、「作業の整理まではあなたの仕事」と言われて初めて「私、作業の整理をしていいんだ！」と目からウロコが落ちました。それまでは、先輩の言うことは絶対で、ふられた作業は全部絶対にやらなくてはいけないものと思っていたんです。

こうやって、**何の疑いもなく、上からふられたことをやるのが、まさに「作業」**

なんですよね。「言われたことはすべてやらなくちゃいけない」という思い込みを捨て「この作業の先にはどんな目的があるのか」を見直すことが仕事なのだとその時初めて認識しました。そして、作業の優先順位をつけてみたところ、普段のルーティンの中に、やらなくていいものがいくつかあることがわかりました。それまでパンパンの業務の中で上司からさらなる案件が降ってくると、「私がどんなに忙しいか見えてないの？　そろそろ本気で体調崩しますよ、私？」とか「自分は手を動かさないのに、あれもこれも次々私にばっかりふらないでよ」と心の中で上司に悪態をついていたのが本音です。

こんな風に自ら、「飼いならされ脳」になっている人って、私以外にも意外と多いのではないでしょうか。作業は、誰か他の人がやっても回ること。仕事は自分しか出来ないこと。そんな風に考えて、目の前の作業を仕事に出来てしまう人が、本当のプロフェッショナルだと思います。

付加価値をつけられれば、誰かが絶対に見てくれているし、やりがいも生まれる。

逆もまた然りです。

以前、請求書の書き方が雑な人に重要な仕事を頼むか迷って、やめたことがあります。請求書を書くのだけがたまたま苦手だったのかもしれないけれど、毎月発生する「請求書作成」で何度繰り返してもレベルを上げられず、雑な作業でやった気になっている人に、重要なことはまだ任せられないと思ったからです。

そんな小さなことで人を判断するのか、と思われそうですが、**そんな小さなことが出来ない人に大きな仕事を任せるのは不安**です。**小さなことの積み重ねが大きなことになる。**そして**小さなことの積み重ねが信頼をつくる**んです。

"モチベーション"という言葉を忘れてみる

仕事をする上でモチベーションを保つ方法というのがよく話題になりますが、モチベーションは自家発電できるのがプロだと思います。でも、私は**モチベーションなんてものは、そもそも最初からない**と思っていたほうが楽だと思うんです。モチベーションという言葉が根付いたのはここ最近だと思うのですが、その言葉が根付くまで「モチベーションをどうやって維持していますか?」なんて質問がセミナーで出たりすることはなかったはずなんですよね。

やる気、だったり動機付けだったり、言い換え表現はいろいろあるけれど、単純に「やるべきことをやる」というだけの世界で、モチベーションがうんぬん言っている時点で、その人はまだ甘いように思います。

モチベーションがあってもなくても、仕事である限り〆切はやってくるわけで、提出期限を遅れてから「すみません、モチベーションが上がらなくて……」と言ってくる人って、確実にプロ失格ですし、ただの自分に甘い人ではないでしょうか。というか、単なる責任感のない人です。

仕事というのは、自分一人でやるものではなく、相手があるものです。お金を払ってもらうことには責任が発生します。だから、**仕事はモチベーションでやり遂げるものではなく、責任感でやり遂げるもの**だと思うのです。

私は「モチベーションなんてものはこの世にはない」と日々自分に言い聞かせています。モチベーションがある時だけ仕事は出来るんだという暗示を自分にかけてしまうと、「今日はモチベーションがないから仕事しなくていいや」という甘えを自分に許すことになります。

だから、モチベーションという言葉を頭の中から追い出して、そんな言葉は知らないことにしています。

仕事の時間になったら、とりあえずパソコンを開きます。パソコンを開くと、ネットと、テキストエディタを開くようにしています。仕事をしようと思って開いているのではなくて、パソコンを開くと、その2つを開くことを習慣にしているんです。

そして、モチベーションがあるかないか自分に問いかける前に、テキストエディタに向かって何か書き始めてしまったりメールの返信などを機械的にやってしまいます。簡単なことから始めて、「ついでにこれもやろう」と寄り道もしたりしつつ、いつも気づいたら仕事に手を付けているんです。

コラムや小説を書く時などは、書く前にちょっと深呼吸が必要で「やらなくちゃ」と思いながらなかなか重い腰が上がらなかったりもしますが、それでも〆切はやってくるので、パソコンの前に座って、一行でもいいから書いてみることを自分に課しています。

私の場合は、仕事と言ってもなるべく好きなことだけしているので、気乗りしないというよりは、仕事に怯えていることが、出来ない理由だということもあります。なんだかいいものが書ける気がしない。書いていても思った以上に、軽くて、人の心に残らない言葉しか出てこない。

そういう時は気晴らしをしたりもするけれど、結局**仕事での恐怖は、仕事に立ち向かわないと消えない**ので、立ち向かってみます。

「自分が出来る自信がない」のと「モチベーションがない」のは違います。モチベーション、つまりやる気があるからこそ恐怖を感じるのかもしれません。また、他人のモチベーション管理が仕事になると、自分のモチベーションなんてどうでもよくなると聞いたことがあります。

たしかに社長が「仕事したくな〜い！」なんて言っている会社で部下が働くなんてことは考えられません。自分のモチベーションは自分次第だけど、他人のモチベーションは自分の思い通りにはならないもの。

つまり自分の仕事のモチベーションさえ出ない人は、人を動かす立場にはまだなれない、未熟な人だということです。……なんてすごく厳しくて完璧人間のようなことを言ってしまうと、どんどん自分の逃げ場もなくなっていくわけですが（言葉はブーメランになって返ってきますしね）。

人間だからこそ、なんだかいつもの調子が出ない、ということはあります。私も「今日はなんか違う。無理」と思うことは多々。そういう時は**やる気のある人のオーラにあたりに行く**ようにしています。物理的に会いに行って元気をもらうこともあれば、本やツイッターでパワーをもらうこともある。夢中になって動いている人を見ていると「負けていられないぞ」という気持ちが湧いてくるんです。そして何もしないよりは「今日はエネルギーをチャージできた」と思えるから明日は頑張ろう、と気持ちがシャキッとするんです。

話はそれますが、私はテレビの現場の雰囲気が好きです。テレビの現場って威勢のいい「おはようございます！」「おつかれさまです！」が聞けるんですよ。テレビのお仕事のあとは、ちょっとした高揚感に包まれることが多いのですがあの気持ちよさは挨拶と声がけにあると思っています。大声で元気よく挨拶をするだけで、気持ちって上がるんですよね。**モチベーションがない時は、声を出してみるといいかもしれません。気持ちが体の中から変わっていきます。**

人からもらう目の前の仕事は、本当の仕事ではない

本当に仕事の出来る人は、〆切のある仕事をちゃっちゃと終わらせて、**〆切のない仕事に取り組んでいる人**だと思います。

そして、仕事がうまくいっている時ほど、〆切のない仕事をしなくちゃいけないとも思うのです。自分が最高の状態の時に、次の一手を仕掛けられる人はその最高が更新できるけれど、次の一手を考えない人は最高との差を埋めようとして焦って外して、最低の状態になります。

状況が悪化している時に未来の計画を立てると、焦っていい思考が生まれないのは当たり前ですよね。それどころか、焦りながら何かを実行に移すと、早く結果を

求めてしまってうまくいきません。**絶好調の時に次の一手を考えると、うまくいくんだと思うんです。**

会社員時代は、人からもらう仕事だけでいっぱいいっぱいでした。

でもフリーランスになって、書く仕事を本格的に始めてからは、〆切のある連載をこなすだけでは、コンスタントに本を出せないことがわかったので、noteという〆切のない媒体で、自分で「毎日を〆切」と決めて、原稿を書くようになりました。そうすると、そのnoteの更新自体が仕事になってお金を生んでくれるようになり、そこから本も出せるようになりました。

今年（2017年）の初めには文芸誌に短編を寄稿し、書き下ろし小説を加えた短編小説集を出せました。もともと文芸の世界に憧れてはいたものの、どうすれば文芸誌に載せてもらえるのかわかりませんでした。

だから、日々の仕事の合間に、短編を書いて、編集部に送ったんです。仲介してくれた人はいましたが、持ち込みなので特に原稿の〆切はなくて、「書けたら送ってくださいね」ということだったんです。

「いつか書けたら送ってみよう」なんて思っていたらたぶん一生書かないと思ったので、その日から書き始めて、すぐに提出しました。そこからぽんぽんとリズムよく文芸誌への掲載が決まり、単行本執筆の話も決まりました。

もしあの時、誰かに〆切を設定されるまで動かなければ私の文芸誌デビューはもっと遅かったか、デビュー出来なかったと思います。でも、がむしゃらにとにかく書いてみたおかげで、今年、「書く」という領域で新しい挑戦が一つ出来ました。

何度も文学賞に応募しては落選していた過去があるだけに、文芸誌掲載は、私の大きな自信になりました。同時に自分のストーリー構成能力や文章表現で、目を背けていた不得意・欠点がわかり、これからの課題も明らかになりました。〆切がない仕事をこれからもどんどん見つけていかなくては、私の未来はないと思っています。

知っていることにも疑問を持つ

せっかくスマホという小さなコンピューターを自由に使いこなせる時代になったのに、ソーシャルゲームとライン以外を使いこなしている人は少なくて、「検索すら使わない人も多い」ということを最近広告会社の人が教えてくれました。

私の周りには一日に何度も検索機能を使う人が多いです。検索を使うのはどういう時かというと疑問を持った時。つまり検索を使わない人は疑問を持たないで生きているということ。何の疑問も持たずに、あるいは疑問を解決せずにぼーっと生きている人が多いんだなあとびっくりしました。

それはつまり、疑問を持ち、検索している人には有利な社会だということ。人がやらないことをやれば、それは自分の強みになりますから。目の前のことに疑問を持つという小さなことを続けて好奇心を絶やさないだけで、きっとその習慣がいつか実を結びます。

知らないことに疑問を持つことと同時に大切なのが、**知っていることにも疑問を持ってみる**という力です。

以前、笑顔のレッスンを受けたことがあります。人間30年目にして初めての訓練でした。笑顔なんて、生まれた時からほとんどの人が普通に出来ることだと思うけれど、それをあえて学びなおしてみることで、気づきや発見がたくさんありました。

当たり前にやっていたことが間違っていたり、出来ていると思っていたことが出来ていないことって、自分が思っている以上にあるんです。自分がそれを「普通」だと思っているだけで「普通」は人それぞれなんだな、と気づかされます。

最近は、仕事が多い時に家事サービスを頼んで、主婦のプロの方に家事を手伝ってもらうこともあるのですが、それも毎回、「こんなやり方があるんだ！」と学ぶことが多いです。キッチンの引き出しへのタッパーの入れ方や洗濯物のたたみ方や洗い物の仕方。すべて自己流でこれまでやっていて何の問題もなかったけれど、プロの方のやり方を見ていると「こんなやり方があるんだ！」と目からウロコが落ちるんです。

レストランに行くと、「この食材のこんな使い方があったのか」とか「家でつくるのと同じようなパスタに見えるのになんでこんなに美味しいんだろう？」とびっくりすることがありますよね。

あれと同じで、どんなことにもプロのテクニックがあったりするもの。その道を極めた人から学ぶと、知らない知識をたくさんもらいます。**知っているというより、知っているつもりになっている**のかもしれません。料理もメイクも家事も、何も知らないつもりで改めて習うのが最近は楽しく感じています。

ファンデーションの塗り方や眉毛の描き方も、年齢によって変えたほうがいいと言いますよね。**改めて学ぶことは、生まれ直すみたいに楽しく感じます。**そして、こんな基本のキも出来ないようなら、自分だって出来ない人を馬鹿にすることは出来ないな、と謙虚な気持ちになれます。

「なんて余裕がある人なんだろう!」と思わせるカンタンな方法

お金持ちが一番お金を使うのは「時間を買うこと」だとよく言われているので、**時間がたっぷりある人は、お金持ちと一緒**なのだと思っています。

アメリカに以前留学した時に、たまに会っていたおじさんがいました。彼はしがない大学生の私にいつも時間をたっぷり差し出してくれて、平日の日中に2時間ゆったり一緒にランチしたり、その後家まで送ってくれたりといつも私の都合に合わせてくれました。そんな風に時間の都合をつけられる人なのだから私はてっきり彼を億万長者に違いないと思っていたのです。

お金持ちじゃないと、自分の都合で動けない。社会人はみんな、誰かの都合で働いていて、時間がないのが普通だと思っていたから。でも、後から実際の年収は平均的なサラリーマンの収入と同じくらいだと知りました。

ただ、彼の暮らし方は億万長者と一緒なんですよね。**お金がないと手に入れられないと思っていた「時間はある」という精神性は、お金がなくたって手に入れられる**のだと、勇気が出ました。

同時に、私には生活の中で常に学校や仕事を優先させなくてはいけないという思い込みがあったことも気づきました。時には、課題や仕事ではなくて友人とのランチを優先させてもいい。それが人生じゃないか、という心の余裕が大学時代の私にはなかったんです。

まだ社会にも出ていないくせに、たかが課題でいつもあくせくしていて、時間がないという思い込みが強くなるあまり、私の時間はみんなの時間よりも貴重なんだとすら思ってしまう、あの心境こそ貧乏人精神と呼んでいい。

仕事を無理やり入れず、家族や友人との時間を大切にして、**誰かのために自分の時間を差し出せる。それはもう時間貴族です。**

彼と出会って私は、「億万長者しか時間は自由に使えない」という思い込みがなくなりました。時間は今この瞬間ここにあるのだから、焦ったりしない。優先順位が決まっていれば、時間に追われることはないんです。もちろん、期日がある仕事に一時的に追われることはあるけれど常に時間に追いかけられているのはみんな同じです。

その中で、**いかに余裕のある人として振る舞えるかが、人としての質や相手への印象を決めるん**です。

時間がなくたって、「この人はなんでいつもこんなに余裕があるんだろう？」と思わせる方法が一つあります。それは5分前行動をすること。たった5分、10分行動を前倒しするだけで、相手には余裕のある人だという印象を持ってもらえます。

そして、**余裕のある人のところに仕事や相談はくる**のだと思います。

「利用価値がある自分」になれば人脈は勝手に広がる

人脈というのは信頼関係のことだと思います。だから、人脈のつくり方はたった一つ。「目の前の仕事をする」ことです。名刺を交換して得られるのは人脈ではなく、ただの名刺だけ。紙に印刷された名前と会社名を知っていたところで、なんの効力もないんです。

もちろん、ちゃんとした場所でちゃんとした人に紹介してもらった相手とは、一緒に仕事をするまでに関係を発展させられることもあると思いますが、それだって自分にちゃんとした実績がないと難しいもの。相手をただ知っているというだけでは人脈になりません。知られるような自分になりさえすれば、人脈は勝手に広がるものです。むしろ自分が欲しい人脈が向こうから自分を頼ってきてくれます。

職業によっては、いろいろな場所に顔を出して人と接することが必要なこともあると思いますが、それは「きっかけづくり」にすぎず、気晴らし程度にしかならないと思うのです。パーティーで得られる人脈はパーティーに来る人の人脈だけ。仕事で人脈を得たいのなら、仕事を真面目にするのが一番の近道なのです。

仕事をするということは、自分の能力に対してお金を払ってもらうということ。相手にとって利用価値のある自分にならないとお金はもらえません。だからこそ、自分の価値を磨けば磨くほど、いい人脈が手に入ります。**「利用価値がある自分」**

になる以上に、いい人脈の築き方はないのです。

以前、「東大生と結婚したい女性」と「東大生」をマッチングするバラエティー番組を見たことがあります。「東大生の遺伝子（頭の良さ）が魅力的」だという可愛い女性たちに対して、失礼ながら、決してモテそうではない東大生男子が「あなたたちは、東大生に何を与えられるのですか？」と選ばれる側ではなく選ぶ側の立場で質問していたのが印象的でした。

バラエティー番組ならではの演出も入っていて女性には「結婚したい」キャラをある程度演じてもらっている部分もあるとは思いますが、このシーン、頭のいい人や自分の価値を知っている人ほど、相手の与えてくれるものにもシビアだなあと気づかされました。**自分の今持っているもの、置かれている立場は、自分の努力やかけてきた時間の結果だということを知っている人は自分を安売りしない**ものです。

その番組では、女性側の「私を輝かせてほしい」という言葉に対して東大生男子が「なぜ、人の力を借りて輝こうとするのか。自分が輝けばいいのではないのか」といった意味の返答をしていました。

人脈も婚活とまったく同じです。**誰かの力を借りて輝こうとする人には、そもそも人脈が出来たりはしない**んです。

輝いている人には輝いている人が集まる、それだけのこと。輝いている人同士だけがお互いに持っている相手への信頼感、言葉を多く交わさずしても心の底でつながっているような感覚が、周りからは「人脈」という太い脈のように見えるだけなのだと思います。

7

誰だって不安とともに生きている。

↓頑張れない時の身のこなし方

収入にこだわると自分の成長がわからなくなる

フリーランスになった友人が「自分が成長出来ているのかどうかがわからなくなった」と悩んでいました。会社員だと、わかりやすく昇給や昇進があり、誰かが自分の成長にお墨付きをくれます。自分を仕事にした場合、**成長したかどうかは、自分で判断しなくちゃいけない。**けれど、意外と自分の成長の基準ってわからないものですよね。

一つの基準は収入だろうけれど、右肩上がりになりっぱなしということは難しいし、収入に固執すると、新しい挑戦が出来なくなります。

私も、文章に関しては速く書ける日もあれば、遅い日もあるし、出来たと思った原稿が編集者さんのチェックでボツになることもあれば、自分の中では出来に自信がなくて〆切に間に合わせるために無理やり書いたものが意外と高評価なこともある。正直、私も自分が成長しているのかどうかはわかりません。

成長してる、と思える日もあれば、思えない日もある。けれど続けている限り、自分の見えない部分に経験が降り積もっていると信じるしかありません。

人間としてのレベルが上がれば、仕事の質も上がる、と考えると少し気が楽になります。

そして自分のレベルを上げるためには、物事を深く考える以外に方法はないと思います。そのために**「考えるきっかけ」にたくさん出会う**ことが人間修行にもつながってきます。考えるきっかけをくれるのは、本や人など、これまでに触れたことのないもの。

人と会うことは、考えることだとも思います。人と会っていると、相手と会話しているようで実は頭の中で自分自身とずっと会話してるんですよね。**会話することそれ自体が考えることになっています。**

私は、仕事がうまくのらない日は、とにかく外に出て体を動かすようにしています。**脳に刺激が入ると、思考が動き出す。体を動かすと、脳みそもあたたまる**みたいです。そして人に会うと、やる気と刺激をもらって「また明日から頑張ろう」と思えるのです。**成長について悩む日は、ただのうまくいっていない日だったりします。**だから、モードを変えることでだいぶ気持ちが落ち着くんです。

無理しない、と頑張らない、は違う

無理しないことと頑張らないことは似ているけど違います。**頑張ったほうが絶対いいとは思うけれど、無理はしなくていい**と思うのです。

会社員時代、毎日、ちゃんと頑張っていました。頑張るとは自分の成長を楽しみにしながら、前進できることだと思います。成長のために、昨日の自分よりちょっとだけ無理してみるということ。新しい気付きを毎日ためていくということ。時間の流れに敏感であるということ。そんな風に思っています。

だから、昨日の自分より少しだけ出来る自分になれるように、意識して仕事をしていました。

でも、ある時「5年後はきっとこの会社にいないだろうな」と思ったんです。**頑張っていたからこそ、その会社での私の伸び率の限界も見えた。**そこの会社で伸ばせる能力とは違う能力を伸ばしてみたいという自分の気持ちに気づけました。

頑張っていなかったら、「まだ本気出してないだけだから」と、自分の成長が止まっていることに気づけなかったと思います。**頑張っていると、限界がわかる。**

頑張るというのは、体を痛めつけることではなくて、**心を前向きな状態に保ったまま積極的に取り組める**ということでもあります。それが出来ない時が「もう頑張れない時」で自分自身の人生を見つめ直す時期なのだと私は思います。

今いる世界は人生のすべてなんかじゃない

悩みがある時でも、思い切って旅に出てしまうと目的地についた途端、家で悩んでいたことがどうでもよくなったりします。**悩みから物理的に距離を取る**ってけっこう大事です。一歩離れて問題を客観視してみると、問題に執着していた時には思いつかなかった解決策が見えたりしますし、見慣れたオフィスや自宅から離れて海や山を見ていると、なんだか大きいものに包まれた安心感が芽生え、「まあ、なんとかなるでしょ」と楽になったりします。

こんな風に、いざとなったらここを離れればいいだけだと常に思っていると、追い込まれずにすみます。この場所には一生いなくていいんだという選択肢を常に自分の中に持っていてください。それは会社でも同じです。

私は、会社員の働き方を否定はしませんが、会社員とフリーランスを好きな時に行き来できる社会になったらいいなあと思っています。そうすれば、会社にとらわれずに**「好きなこと」「やりたいこと」を前提に働ける**からです。**日本人は「今と同じ場所にいること」に執着しすぎている**ように感じます。

香港に住んでいる友人が「来年くらいはアメリカに住みたいから、今アメリカの会社に履歴書を出してるんだ」と気分で仕事と住む場所を変えている話なんかを聞くと、とても自由だと感じます。彼女によると、あらかじめ会社を決めずに好きな場所に引っ越してしまってから職を探したりするのはグローバルでは普通だそうです。

自分の人生の優先順位が、仕事の優先順位より高いんですね。自分を心地よくさせるために、生きる場所を選ぶ。これが日本人だと、仕事を心地よくするために、生きる場所を選ぶ……と人生と仕事の優先順位が逆になってしまっている気がします。

いつだって、ここを離れることが出来るんだ、今持っているものはいつでも捨てられる、自分は自由なんだ、という意識を持つと、目の前のものは自分の意志で選んでいるものなんだという意識も強くなり、目の前の事柄への愛おしさも増すような気がします。

会社員時代、とある先輩に、セクハラ・パワハラを長い間受け、それに立ち向かったら「広告業界で生きていけると思うなよ」と言われました。その後は、毎日会社に行くのが苦痛でしょうがなかったけれど、違う業界に転職をしてみると、広告業界ではちょっとした有名人だったその先輩のことを知っている人なんて誰もいなかったし、仕事で大きな邪魔をされることもありませんでした。ちょっとした嫌がらせは退職後もありましたが、それは私の名誉を致命的に傷つけるものではありませんでした。

今、「すべてだ」と思っている世界は、実はすべてじゃないいんです。隣の世界に行けば別の世界が広がり、別の常識が待っている。今いる場所で頑張るのも大事だけれど、**「いつでも望めば他の場所に行けるんだ」**という気持ちをお守りのように持っておくと、プレッシャーにつぶされることもありません。

人生への期待値を上げすぎない

それでも、うまくいかない時は、休むことです。私は、ネットでの発言量が多いので24時間稼働しているように思ってくれる人もいますが、そもそもスケジュールをパンパンにはしていません。外での打ち合わせやイベントなどはあまり詰めると準備や復習がおろそかになるので、無理して入れずに、こなせるスケジュールを立てるようにしているんです。**遊びの予定でさえ、多すぎると疲れるもとになってしまう**ので家でちゃんと休める時間をつくっています。

それから、仕事も、同じことをずっと続けると集中力が落ちるし飽きるので、違う種類の仕事を交互に入れています。受験勉強中、数学が嫌だから国語をやる、国語に疲れたから、理科をやる、といった具合に科目を横断するように仕事も、あっちをやったら今度はこっちをやる、といった感じに、脳の切り替えが出来るように取り組みます。

また、人生への期待値を上げすぎないようにしています。世の中には仕事がうまくいっていない人もいれば、婚活がうまくいっていない人もいれば、結婚がうまくいっていない人も、離婚がうまく出来ない人もいる。だから、**全部うまくいってる人はいない**、と考えると楽になります。仕事が全部うまくいって、恋愛も順調で、家族とも仲良しで……というすべて完璧な生活を送っている人のほうが少数派ではないでしょうか。

一日の中のうまくいく瞬間や一週間、一か月、一年の最高の瞬間をちゃんと頭に記憶して、準備に臨みます。その記憶のために、SNSを活用しています。ネットに書くなどして、誰かに伝えたことは、何もしないよりは絶対に記憶に定着するので。

輝かしい瞬間と地味な瞬間は交互にきます。うまくいく時もうまくいかない時も自分の人生なのだから、休んだり、心をゆるめたりしながら、進むしかないんです。
それはきっとみんな同じはず。

「ちゃんとした自分」のコスプレが自分をちゃんとさせてくれる

みじめな気持ちになるのは本当に簡単です。パジャマのまま家にこもってツイッターを見ていると外で仕事をしている人が輝いて見えて、それだけですぐにみじめになれる。

でもお洋服を着替えて、出来るだけメイクも頑張って、いい音楽を聴きながら外を歩くと、みじめとは反対の気持ちにもすぐになれるんです。身だしなみをしっかりして外に出ると、気持ちが途端にピシッとします。そういう意味で、**仕事へのやる気が下がっている時こそ、美容など見た目から自分に自信をつける時間を取るチャンス**なんだと思います。美容院に行くと、普段読まない雑誌が目に入りますよね。

そこには流行の服の着こなしやメイク法が書いてあって、気持ちが少し上がるし、プロの手で仕上がった髪の私は、いつもに比べたらキレイに手が届く気がする。その髪のまま、デパートのコスメ売り場にでも行ってみようかな、とか新しい洋服買おうかな、という気持ちになれる。

そうやっていい循環の中に入ると、見た目の自信が上がり、それはそのまま内面への自信に変わります。学生時代は身だしなみがどうでもいいと思える時期もありましたが、社会人になって、やっぱりぴしっとした人が周りにいると自分も気持ちよく仕事が出来るんだな、ということに気づけました。

とある撮影現場でカメラマンさんが、アシスタントの女性がどんなに朝早くてもメイクも髪もきちっと決めてきているおかげで現場が華やかだと言っていた話が心に残っています。

また、以前、タレントさんと一週間生活を共にするというお仕事をしたことがあるのですが彼女が本当にオシャレで、毎日毎日、お洋服の雰囲気ががらっと変わって、靴も、アクセサリーもお洋服に合わせて変わるのがすごく可愛くて、毎晩、「明日はどんな服なんだろう」ととても楽しみにしていました。オシャレな人って、そういうわくわくを他の人にあげられるんです。

たとえ自分の顔に自信がなくてもいいお洋服を着ていれば、テンションは上がっていい気をまとえます。メイクののりがいいだけで、その日一日、うまくいく気がしたりもします。自分に自信のない人ほど「そんなことをしても私は変われない」と怖気《おじけ》づいてしまいがちですが、**自信がないからこそ自分以外のものに頼るべき**ではないでしょうか。

やる気だって、服のせいにすればいいんです。やる気がない時こそ、いい服で自分のテンションは上げられます。

服と身だしなみって本当に大事です。見た目なんか気にしないとか、仕事の出来には関係ないという人もいると思いますが、きちんと身なりを整えてキレイにしておくことは価値あることだと思うのです。

ある女性社長が「身なりを整えておくことが女性社長を世の中に増やすことにつながる」と言っていました。ざんばら髪を振り乱して、ノーメイクで必死の形相でいると「女性社長ってなんだか大変そう……やっぱり女は、家で優雅に過ごしているのが一番」なんて思われてしまうかもしれないと。でも、キレイな洋服を身にまとってきちんとメイクして落ち着いていると**「こんな風になりたいな」と思ってもらえる。**

その考え方に私も賛成で、自分の出来うる限り、身だしなみには気を遣おうと思っています。

生きている限りは後退しない

生きていると、「今日は何もかもがダメだったな」と思わざるをえないほどダメな日が出てきます。私自身も、気分のアップダウンは激しいし、体調にふりまわされやすいほうです。それに、体調なのか気分なのか、原因はわからないけれど、**なんとなくすべてがうまくいかない日**っていうのもあります。

朝起きた瞬間から何かだるくて、いつもは難なくこなしてしまうちょっとしたことが出来なくて、食欲もいつもよりすぐれない……。

そんな日は、周りに頑張っている人が多ければ多いほど、置いてきぼりになってしまう苦しさを感じますが、**思い通りに進めない日って、生きている限り、誰にで**

もあることだと思うんです。

休んでいないように見える人だって、実は自分のペースで休んでいるし、その人に必要な休みのパターンと時間が自分にあてはまるとも限りません。１００メートルのタイムがみんな違うのと同じように、必要な休息時間もみんなそれぞれに違うんです。だから、バリバリやっている人を見て、あせらなくても大丈夫です。その人はその人の人生を生きているだけなのだから、**自分は自分の人生のことだけを考えればいい**んです。自分の必要な休息の時間は自分にしかわかりません。

パソコンでさえ、専門家にもわからない不調があるものです。機械でさえそうなのに人間にバグがないわけがないですよね。

原因不明の不調は、もう「人間ってそういう風に出来ているんだ」と受け止めてしまうのがいいのかな、と私は思っています。**うまくいかない日に一番いい方法は**

「あきらめること、自分を責めないこと」だと思うんです。

人間は、生きているだけで、少しずつ進んでいます。昨日しなかった経験を今日はして、昨日は考えなかったことを今日は考えている。いつも、少しずつ進化しているし経験をためているんです。だから、**無駄な一日なんてない。**

体調の悪い時でさえ、これからの体調の悪い日の対策を考えるための一日になっているわけだし、生きている限り、完全にすべてが停止しているということはありません。

今日はダメだなと思ったら早めにあきらめていいと思います。体の不調は気づきやすいけど、心の不調には自分も周りも鈍感になりがちです。特に心の不調には、少し甘やかすくらいでもいいと思います。

周りを必要以上に羨んでしまう時やライバルの活動ばかりを目で追ってしまう時、自分のやっていることに自信を持てない時は、思い悩むより、まずは、悩んでいることから離れてみて気晴らしをするといいと思います。

私も、心が暗い方向に流れた時は、こまめに休みをとるようにしています。そして気持ちが回復して健康になったらまた頑張ります。

仕事が嫌になった時は「社会の一員である幸せ」を思い出す

仕事に疲れると、「会社辞めたい！」「仕事やめたい！」と思う人が多いと思います。でも、意外と仕事って生きる喜びのもとというか、人生の芯になってくれていたりするんですよね。それがあるから、他のことがきらめいてくる。**人は本能的に誰かの役に立ちたい気持ち**があるのだと思います。

会社を辞めて遊びたい、と言っている人が本当に辞めた時、楽しそうにしてるのはせいぜい一か月目くらいまで。あくまで私の観測範囲内ですがしばらく遊ぶとみんな「そろそろ何かしなきゃ……！」と慌て始めます。会社員を一回やると「働いてないと人間としてダメになりそう」という思考回路になる、というのもあるかもしれませんが、**何もしないって案外疲れる**ことなんですよ。

リゾート地に行っても、最初の一日はのんびりするのが楽しかったりするけれど二日目から、ちょっとした刺激が欲しくなったりしませんか。めりはりがないと、心が伸び切って、不感症になっていくのだと思います。

周りには転職前の有休消化期間、あるいは起業準備で一時的に無職状態になった経験がある人も多いのですが、会社員生活が長かった彼らにとって何をしてもよい自由な一日は奇跡のように貴重なのか、みんな「無職一日目、二日目……」と日記をつけていました。

みんな最初は楽しそうですが、大体30日たつと楽しさよりも不安が勝ってくるんです。30日あればだらだらはやり尽くせる。やり尽くすとそれまで通勤する会社員を見ると「みんな大変そうだなー」と優越感を感じていたはずの人も「私も何かしたいな」と焦燥感を覚え始めます。

会社員期間が長い人ほど、勤勉精神が骨の髄までしみついているので、一定期間以上だらだらしていると、だんだんと「こんなに遊んでいる自分は社会に必要とされていないのでは……」と不安になるんでしょうね。

仕事があることの喜びは、仕事をなくしてみて初めてわかる。だから会社員こそ、一度会社を離れてフリーランスや自由の身を体験して、仕事に感謝出来る気持ちを取り戻してから復職する、なんて働き方が一般化したらいいのに、と思うんですけどね。

会社を辞めるのは、会社を好きなうちに

自分の今の仕事や環境が好きかどうかは日曜日の夜にわかります。月曜日が待ち遠しければ、今のままを維持すればオッケーで、月曜日が来るのが嫌なら「嫌だ嫌だ」と言っていないで嫌だと思う原因を探さないと、一生憂鬱な月曜日を送ることになりますよね。

仕事が嫌なのか、早起きが嫌なのか、人間関係が嫌なのか、嫌な原因を細かく見ていくと原因がわかるはずです。**自分の人生が嫌いなまま、ずるずると日々を送る**

のはもったいないので、憂鬱な時は常に、「原因を探す」をクセにするといいと思います。

仕事から逃げたくなったら、仕事に関してネガティブなことを言う人から離れてみて、ポジティブな人の近くに行ってみてください。ネガティブは伝染するから本当に出来ないんじゃなくて、出来ない気持ちにさせられているだけのこともあります。ポジティブな人の近くでも出来ない仕事は、合っていないから仕事を変えることを考えてみてもいいかもしれません。

「出来る気」にさせてくれるポジティブな友達や先輩が周りに数人いるだけで、自分の仕事の出来が変わるんです。ネガティブな人は、気持ちが暗くなった時に頼れるポジティブバカみたいな人とご飯を食べに行くといいと思います。下手に筋の通ったことを言われるよりポジティブを浴びたほうが、いい結果にたどり着けます。

それから、失敗を笑い飛ばしてくれるような友人がいるといいですね。私はネットでたまに炎上するのですが、炎上した時にだけ連絡をくれる謎の友人がいます。通称「炎上した時は俺がご飯おごるよおじさん」。

失敗を責める人とは距離を置かないと、ただでさえ押しつぶされそうな心が粉々になってしまいます。だから、こんな愉快な、救命浮き輪のような友人を探して、つらい時はとことん頼るといいと思います。

その代わり、自分が誰かに助けてもらう分を自分が元気な時に、誰かに返してあげてください。とにかく**笑顔を振りまけば、世直しになる**と思うのです。「笑う」というのは本当にコスパのよい気分転換です。ちょっと筋肉を動かすだけで、特別何の準備をせずとも笑っているだけで、人生が楽しい人のコスプレが完了しますから。そして、その笑顔はじわじわと他の人に伝染しますから。

会社は、失敗した時や嫌になった時ではなくて、その会社を好きでいる時に辞めたほうがいいと私は思っています。本当にブラックな企業にあたってしまって少しでも早く逃げたほうがいいこともあるかもしれないけど……。

状況が悪い時に何かを始めると、うまくいかないんです。また、会社が楽しいなら無理やり辞めなくてもいいと思います。辞める時って、自然に「あ、今がやめどきかも」って分かって体が勝手に動きます。大きな苦痛が伴う時はまだ辞め時じゃないのかもしれません。未練が大きいなら、未練がなくなるまで働いてから辞めたほうがいい。

「好きなことで生きていく」を目的化してしまい、会社を辞めることがゴールになっている人を見かけたことがあります。**会社を辞めることはゴールじゃないんです。**同じように「好きなことで生きている」人同士の戦いの場にやっと来たってこと。これから天才たちとの戦いが始まるんです。ゴールではなく、そこがスタートなんです。

天才たちとの戦いは本当に大変です。凡人もいるフィールドで認められていた人、才能があると自信を持てていた人も、天才との戦いでは自信を喪失して、打ちのめされるけれど、そこが「好きなことで生きていく」世界にやっと入れた瞬間なのだと思います。

自分の代わりに自分を売ってくれる人も、自分のミスを代わりに謝ってくれる人も、セクハラやパワハラから守ってくれる人もいない。もう逃げるところがなくなって初めて、会社員って、逃げ場があったんだなあと思えるかもしれません。

「満たされない思い」が人生を進める力になる

同い年の会社員の友人と「幸せだけれど物足りない」現象について話したことがあります。友人は、明確に原因がわかる不満があるわけでもないけれど、満ち足りていない気分を常に抱えているそうです。

〝幸せじゃない〟わけではないけど、〝幸せ〟じゃない。

それは私自身も身に覚えのある感覚で、好きな仕事をしていて、休みも好きな時に好きなだけ取れる立場で、満足のいくお金を稼いでいるにもかかわらず、自分の生活が十分満たされているとは感じられないことがあるのです。

私たちのこのもやもやの原因はなんだろう、と二人で考えました。そしてその日出した結論は、**物足りなさがあるということはまだまだ戦える**んじゃないかということです。

自分を幸せだと思える瞬間もあるけれど、満たされきってしまうと、その先には行けないのかもしれません。だから、この「何か足りない」感覚を大事に生きることが、人生ってやつじゃないかと思います。

「足りなさ」がない人生には、きっと進歩だってないんです。もっと文章がうまくなりたい。もっと本を売りたい。もっと影響力が欲しい。こんなもんじゃない、まだまだ足りない、と先を行っている人やライバルに嫉妬したりするからこそ、私は文章を書けるのでしょう。だからこんな風に、**時に満たされない思いを抱えることも受け入れて、人生を進めるしかない**と思うのです。

学生時代も会社員時代も同じように何かしらを不満に思ってきてその解消を繰り返すことで、人生を進めてきました。このほの暗い感情の正体こそが野心なのかもしれません。日本には足るを知る、という美しい言葉があって、好きな考え方ではあるものの、満足しきってしまうと、もうそれ以上何も入らないようにも思います。

たとえば、お腹がいっぱいの時は新しい食べ物は味わえません。新しいものを味わいたくなったら、お腹を空かせなくちゃいけませんよね。その空腹を満たす時、心地いい満腹感が味わえます。……その繰り返しが生きていることの証なのだと思います。

物足りなさはきっとこの先も解消できないだろうけれどそれを感じるということは、新しい始まりのためにもう自分の中で何かが始まっているのだと受け入れてみることが、物足りなさを苦しさにしない方法かもしれません。

みんな不安だから大丈夫

「会社員を辞めた時、不安はなかったんですか」とよく聞かれます。

そして、「いったい何があったから辞められたんですか」ときっかけを聞かれることも多いです。質問をしてくる人はたぶん自分が不安だから、自分の背中を押してくれる一言を私の言葉の中に探したいんですよね。

でも、不安ってみんな同じように持っているもので、後は**「それでも行動するか、行動しないか」**なんだと思います。私だって不安がないわけではありません。でも、不安に負けていたら、理想にはいつまでたってもたどり着けないのです。

会社員だから、このまま会社が将来あるか不安とか待遇に不満だとか、フリーランスだからこのまま稼いでいけるか不安だとか、どちらの立場の人の相談にものったことがありますが、**会社員は未来が見えていて不満で、フリーランスは未来が見えなくて不安で、結局、先が決まっていてもいなくても不満か不安だからみんな同じです。**そして、大体のことはなんとかなるから大丈夫です。

以前、テレビのクイズ番組に出演させていただいた時のこと。メイクルームで、出演者がみんな「ほんとに嫌だ〜」「今日の仕事嫌だなーって思いながら来たんですよ」と怖がっていたのを思い出しました。

私からしたら、芸能人や、芸人さんはこんな現場慣れっこに見えるから、「あんなにテレビに慣れている皆さんでもほぼ素人の私と同じように不安なんだ」と意外に思いました。でも、クイズ番組にはみんな等しく「恥をかくかもしれない」と、同じ不安を持ってのぞんでいるのです。

それでも、仕事だからやるし、始まってしまえば意外と楽しかったりもする。恥もかくけど、それはすべて経験になるんです。余談ですが、クイズ番組で間違えたことってやっぱり、あとあとまで覚えています。恥をかいてしまったという経験とセットで体で覚えているので。誰かだけが特別ってことはない。性格は違うけどそれぞれに怖いもの、避けたいことはあるんです。それを言い訳にして逃げるかとりあえずやってみるかの違いです。

8

自分を仕事に。生きることを趣味に。

↓人生をフルに楽しむ方法

平日も休日も自分の人生。曜日にテンションを左右されない

会社員時代は「曜日」を常に意識していました。日曜日の夜になると「明日は会社だ」と憂鬱になり、月曜日は「これからの一週間が長い」とため息をつき、火曜日は「まだまだ先が長い」と息切れし、水曜日は「あと一息……」と自分をなだめ、木曜日は「まだ金曜じゃないのか」と悲しくなり、金曜日は「ああ、早く明日になって！」と祈りながら過ごして、土曜日は「週末ってなんで2日しかないんだろう」と絶望的になり……あれほどまでに私を縛っていた「曜日」を、今では意識することのほうが少ないなんて信じられません。

仕事関係の人からのメールが途絶えて初めて「あ、週末か」と思い出し、タイム

ラインや、街に人が増えているのを見て、「あ、連休か」とぽんと手を打つ。そんな程度です。

何かと理由をつけて憂鬱になるのが得意な私は、自分を憂鬱にする理由が一つでもなくなって、本当によかったと思います。**私が憧れている仕事人はみんな、休日も平日も自分の人生だと考えているから、曜日ごときで一喜一憂しません。**

曜日を意識するのはサラリーマンのコスプレの一つではあると思います。「花金だ！ いぇーい！」と同僚と杯を重ねるのはいつにもまして楽しいし、月曜日の「あー、始まっちゃったね……」という憂鬱を共有すると連帯感が芽生える。でも、それはコスプレなのだと割り切って参加して、**本当の意味では、曜日なんかに自分の人生やテンションを左右されちゃダメ**だと思うのです。

平日をただの週末のための助走にするのはもったいないと思いませんか。会社にいる時間は雑に過ごして、週末だけはじけるなんて、7日間のうちの2日間しか生きていないのと同じことです。**平日も休日も、間違いなく人生の残り時間を消費しているの**だから「今、この瞬間も自分の人生は進んでいるんだ」という意識を持って、ペースは自分でつくっていきましょう。5日働いて2日休む、なんて自分以外の誰かが決めたルール。オン／オフのスイッチは自分で持つ。曜日に流されず自分だけの時間軸を持つことが平日も休日も自分の人生にするための方法なのだと思います。

お金を目標にしなくなってからが本番

自分を仕事にする時に一番大切なことは、理想の暮らしは一体いくらあれば成立するのかということを**具体的な数字で把握すること**だと思います。

自分を仕事にするということはほぼ、趣味が仕事になることだから仕事は基本的に楽しいんです。でも楽しいからこそついつい歯止めが利かなくなってしまいます。仕事を入れられるだけ入れてしまおう、という思考になってくるとこれまた危険信号です。

昔マラソンをやっていたからわかるのですが、ずっと全速力で最後まで突っ走るのは絶対に無理です。人生はマラソン以上の長距離走だからこそ、ペース配分が大切。もちろん、「もう無理」というところにあらたに詰め込むことによって、自分の処理能力が上がりレベルアップするということもありますが、体や心が苦しくなるほどの無理はしないために自分の満足値を知っておくというのも大事です。

人間って欲張りですし、フリーランスって、仕事をこなす数や年収が自分のレベルアップした数値のように思ってしまいがちです。だからこそ、「ここまで頑張ったら後はおまけなんだ」という基準を自分の中に持っておくと、いざという時に歯止めが利きます。私は、フリーランスになる前に自分が理想とする働き方の人に、どれくらいのお仕事をいくらで受けていて年収がいくらかということを教えてもらいました。

そのおかげで、自分がいくら稼げば満足かということがちゃんと数字で把握できました。そして、もう一歩先のお金持ちは自分の収入も資産もよくわかっていないことを知りました。「お金は常にある。足りなくなることはない」と思っているから、気にしないんです。彼らは現金だけではなく、価値が変動する資産……不動産や株や外貨などを持っていて、それらの価値は数日で上がったり下がったりしますよね。そんなに変わるものの価値を数字で常に把握することの意味なんてないから、「これくらいはたぶんある」というざっくりしたイメージだけ。だからお金持ちほど、お金を気にしません。**気にしているということは不自由があることで、気にしないということは本当の意味でそのものから自由になっているということ**だと思います。この境地に行ければ、自由に生きられます。

私も、まったく気にしないわけではないけれど年々、お金への無駄な執着心は薄れてきました。

フリーランスになってしばらくはお金が稼げるのがゲームみたいで楽しかったんです。仕事を入れれば入れるほど、収入は増えていくわけだし、右肩上がりの収入は自分の人生が上り調子なようで楽しかった。けれど、フリーランス3年目に入ってから年収の目標が急に意味をなさなくなりました。お金の目標で仕事を入れるのではなく、自分のやりたいことを基準に仕事の計画を立てるようになったんです。

本気を出せばこれくらい稼げるということはわかったから、今度はもうちょっとお仕事の幅を広げよう、と。一時的に収入は減るかもしれないけれど結果的には、長く働くためにはいいと思ったんです。自由に生きるために仕事をしているのに、不自由を自分から招き入れてどうするんだろうと。**お金の不安を手放すと、自分の**

やりたくない仕事を手放すことも簡単でした。

そして、やりたくない仕事を手放したら、そのあいたスペースに、新しい仕事や、やりたい仕事が入ってきました。不安を手放すまでにちょっと時間がかかってしまったけれど、本来、幸せになるためにお金を稼ぐのであってお金をゴールにしてしまうと、視野が狭くなります。そしてお金基準のゴールは、すごくつまらないものになってしまいます。お金ではかれない価値を提供することこそがお金を生むのだと思うから、お金は仕事をする上で把握しておいていい数字ではあるけれど、振り回されてはいけない、と今はしっかりと心に留めています。**お金に振り回されなくなってからが、「自分を仕事にする」の本番スタート**なのかもしれません。

5年後もやりたい仕事だけを続ける

仕事が順調にいっている時ほど、仕事を見直して未来に備えるタイミングです。状況が悪化してきてから未来のことを考えると、焦っていい思考が生まれませんし、実行に移す時も、どうしても早くに結果を求めてしまいます。けれど、絶好調の時に自分の「理想」をベースに次の一手を考えると、うまくいくのだと私は信じています。絶好調の時は、勢いがある。頭が冴えわたり、エンジンがかかっている。だから、その勢いで次の一手を考えるほうが、焦りながら考えるよりいいんですよね。

私は、今のっているなーと思う時に自分のスケジュールや仕事を見つめ直して、**「これは5年後もやっていたい仕事かどうか」**を基準に、仕事の断捨離をします。今は我慢してやっているけど、5年後の理想の自分はこの仕事はやりたくないいなーなんて思いながらする仕事でいい結果が出せるわけがない。仕事はすべて今の自分のためではなくて未来の自分のためにするんです。未来の自分が胸をはれるように。もっと高みに行けるように。**5年後にやっていたくない仕事なら、今、やめても同じです。**

すごく楽しいけど、ギャラが見合わないお仕事。ギャラはいいけど、わくわくできなくて、義務感だけで進めているお仕事。時間を切り売りするだけで未来に溜まるものがないお仕事。ちょっと前の自分にはしっくりきていたけど、これからの自分にとってしっくりいかないお仕事。そういうものを、思い切って切っていく。

今のところ、やめた仕事で「やめなきゃよかった」と思ったことはないのですが、もしかしたらこの後の未来で「ああ、この仕事やめなきゃよかった……」と後悔することもあるかもしれません。でも「やめたいな」と思いながら仕事を続けるより、「やめなきゃよかった」のほうがマシだと思うんです。

「やめたい時に仕事がやめられるなんて、収入が他にあるから言えることでしょ？」と思う方もいるかもしれません。

もちろん、**やめたい時に仕事をやめられるように収入源を複数持っておくことも大事**ですが、**納得のいかないことを「やめる自由」と「やめない自由」は誰にだって用意されている**んです。

最近、「新しいことを始めようとする時、必要な勇気はどうやって身につけていますか」という質問を読者の方にもらいました。得てして何かを始めるよりもやめる時のほうが勇気がいると思います。そして始める時は、希望が不安を超えるのだけれど、やめる時は、不安しかないものです。

この仕事がなかったら、年収が減るかもしれない。テレビに出る機会が減ったら、みんなに忘れられてしまうかもしれない。この仕事をやめることで、今後別の仕事も回してもらえなくなるかもしれない……そうやって不安要素をいちいち数え上げていくと、我慢してやるほうがいいのでは？　と流れそうになる自分がいる。

でも、やる理由と同じくらい、やらない理由も軽くていいし、無駄な理屈をこねなくとも、直感が一番正直なのだと信じています。

イヤイヤやる仕事の中にだって、やりがいや楽しさを見つけることだって出来るけれど、それは自分で自分を納得させるために頑張って楽しさを見出すから。それも大事な能力だけど、「やらなくちゃ」という思い込みを一回外すことも大事だと思います。

以前、堀江貴文さんに朝のコメンテーターをしない理由について聞いたら、「朝は起きれねえよ」とだるそうに言っていて、めちゃくちゃかっこよかったんです。仕事を、そんな理由で断っていいのか！　と目からウロコが落ちました。

求められたら無理してやってみるのが当たり前だと思っていたけれど、自分の中に「仕事は無理してでも受けるべき」という思い込みがあったことに気づかされました。私たちはどうしても堀江さんくらい影響力があるから仕事を選べるんでしょ、と思ってしまいがちだけれど、仕事を選ばない、という選択をしているのは結局自分なんですよね。

「無理して受ける」という選択肢と「受けない」という選択肢の二つは堀江さんにだけ用意されているわけではなくて、私たちにだって用意されているんですから。

自由を選ぶ人はどんどん自由になっていくし、不自由を選ぶ人はどんどん不自由になっていく。

理想を選ぶ人はどんどん理想が現実になっていくし、理想とはかけ離れたものを選ぶ人は理想とはかけ離れたことが現実になっていく。それだけのことなんだと思います。

奇跡をあてにしないで現実を地道に変えていく

すべてに対して100%文句なく満足している状態が続くなんてことはありません。誰も魔法なんて使えないのは常識としてわかっているはずなのに、とかく自分のこととなると神頼みになってしまう人が多いように思います。

理想というのは、なんでも願ったことが叶うことではなく、常に現実の一歩先にあるんです。だから、理想に近づくためには、現実をよくする必要があります。そして現実をよくするためには、自分の努力以外の方法はないんです。

時たま、理想というのが願えば叶うものだという、ゆるふわな思考の人を見かけます。何もしないで大金を手に入れたいとか、自分は変わらないまま、何もしないままで有名人やお金持ちになりたいとか。そんなことは、魔法か奇跡の域です。そんな人をターゲットにして自己啓発本や高額なセミナーやパワーストーンが売れていると聞きますが、そういうものは気休めにすぎません。

傷つかないだけの人生は、傷つかない代わりに、得るものも少ない。傷つくことを覚悟した人にはそれだけのご褒美が絶対に受け取れるようになっています。

とある有名人の方が**「有名人になったら小さい自由は失った代わりに大きい自由を手に入れた」**と言っていました。街で気づかれたりサインを求められたりして日日小さい自由は失われるけれど、自分の力だけでは到底経験出来ないことが経験出来るようになったり、すごい人と毎日会えたり、すごい人が自分のことを知ってくれていたり。金銭的にも夢のような部屋に住んで、毎日の買い物で困ることもない。そんな大きな自由の前には、小さい不自由は吹き飛ぶと。これはたとえ有名人でなくてもどんな立場でも言えることだと思うんです。

上に行けば行くほど、関わる人が増えれば増えるほど小さい自由はどんどん失われていって、なんだか世界が変わってしまったように思うけど、実は一方で大きな自由が手に入っています。自分を仕事にしたいなら、小さい自由を守ることはやめて、大きな自由を手に入れることを目指してください。そして、**奇跡をあてにしないで、コツコツと現実を地道に変えていってください。**自分の生活の中から、お金になることを見つけてとにかくやってみる。

試行錯誤し、自分の打ち手を磨く。それを続けることが、理想の状態に自分を導いてくれます。

偉い人に理解出来ないことは淡々と続ける

どの業界にも言えることですが、**偉い人たちの感覚がすでに時代遅れになっていることってありますよね。**

そんな業界は必ずさびれていくと思いますが、その業界で頑張っていきたい若手にとって、偉い人たちの感覚が古いことというのは自分が世の中に出て行く時の妨げになるのでかなり厄介です。

言いたいことを言えて、やりたいことをやれるようになるまでに「感覚が古い人たちにまず認めてもらう」というプロセスが必要な場合、それをしている間に古い感覚に慣れてしまいます。このタイムロスとセンスのロスがさらなる業界の後退を招きます。

業界ルールを無視しようとすると、業界の内側だけではなく、外側からも反発を受けます。けれど、その圧力の中で、同じように新しい感覚を持った仲間を増やしながらチャレンジするしか方法はないのかもしれません。

古い業界の中でチャレンジする場合、あえて偉い人たちに認められることを放棄してしまって、その人たちにはわからないことを淡々とやり続けてしまうのがいいように思います。自分が信じたこと、正しいと思うことを真摯にやっていれば、支持者は業界の外から必ず出てくると思うのです。それまでに少し時間がかかるかもしれないけれど、そういう人が、次の時代をつくっていくと信じる他ありません。

世の中的に知られた賞がある場合、世間も「その賞を取った人じゃないと認めない」という風潮があるけれど、業界の若手側から見た時に、その賞自体がそもそも時代遅れだったり、審査員の感覚が古かったりします。

このルートを通らないと、この肩書きは名乗れない、とか、世間的に認められない、なんて感覚がそもそも古く、いろんなルートの人がいていいと個人的には思うんですけどね。

古い業界の人からの妨害は、相手が自分の地位を守るためということもあり、本人たちの自覚があるにせよないにせよ粘着質です。それに対抗しようと思ったらかなりのやる気と体力が必要なのですが、そもそも、そんな人たちに割く時間がもったいないようにも思えてしまいます。

私自身も、そんな業界の中で認めてもらえない苦しさを感じたことが何度かありますが最終的には、自分の言うことに耳を傾けてくれない人たちを一生懸命説得するよりも、自分が業界の外に出たらいいんじゃないかと考えを変えました。自分の知らない世界に飛び出すのは、怖いことでもあるけれど、見てくれている人は見てくれているから、大丈夫です。

それから、いまだに根強いのがテレビ信仰です。テレビに出ていない人、出なくなった人は、認められていない、落ちぶれていると思う人が本当に多い。テレビに出れるってこともすごいことではあるけれど、テレビを使わずに支持を得ている人や、あえてテレビに出ない人のすごさにも気づける世の中になってほしいと思います。

嬉しいことに、時代は少しずつだけれど変わってきています。ネットネイティブな世代は、大きなメディアで紹介される前に、自分たちの力で自分のカリスマを見つけるし、肩書きにとらわれない人たちがじわじわと支持を受けてきていることを実感しています。

その分、みんながフォローする圧倒的カリスマは少なくなっているのかもしれないけれど、**局地的に強力な影響力を持つミニ・カリスマが乱立する世の中**になってきていて、それはまさに「自分を仕事にする」ための土壌が整ってきていることに他ならないと思うのです。

誰かを認めてあげると自分も成功者になる

成功してる人は他の人の夢を信じる力があります。

自分に出来たからあなたにも出来ると言ってくれるんです。でも夢を叶えてない人は、私に出来なかったんだからあなたに出来るわけがないと言います。だから、夢を語った時に「あなたには出来ない」とむやみに言ってくる人とは距離をとりましょう。

信念があって**自分がやっていることに自信がある人ほど、人のやっていることも認めてあげられる**んだと思います。自信がない人は理論武装して他を認めないことでしか、自分の存在意義を見出せないからです。

本当に才能の価値がわかる人というのは、自分も才能を磨いてきた人だと誰かが言っていたから、誰かの才能を心の底から尊敬して好きでいるためにも、まずは自分ごとを頑張らなくてはいけないと思っています。

努力をしているからこそ、努力の価値がわかるんです。努力をしていない人ほど、誰かの努力を認めずに、お金やコネなど努力以外のもので成功したんだと思い込み、自分にはそういうものがないから、成功できないんだと自分を甘やかします。

けれど、**成功している人で、努力をしていない人はいません。**ただ、自分の努力に気づいていない人はいるかもしれません。成功者ほどポジティブマインドだから、努力を努力とも思っていないことも多いように思います。夢中なうちにここまで来ました、とか、人の縁のおかげでここまで来られたとか、自分の努力はおくびにも出さずに、成功を語る。

ただ、それを聞いて「ふうん、羨ましいな」と油断してはいけないと思います。

努力している人には、運が向いてくるのですから。

人間観察のために交流会によく行くという知人が**「成功者の会に行くと、みんな、同じ業界の人の仕事を褒めている。対して、悪口ばっかり耳に聞こえてくる会には、すごい人はいない。負け組は負け組同士慰め合ったり、成功者をこきおろしてばっかりいる」**と言っていました。

どうせ行くなら、いい刺激をたくさんくれる会に行きたいし、自分もその一員でありたいですよね。

5年もあれば誰かにとっての世界は変えられる

とあるトークイベントを聞きに行ったら若手芸人さんが、初めて摑んだテレビ出演についての話をしていました。

「いつかテレビに出たい」という夢を目指して下積みを続け、ついに長年の夢が叶って、深夜番組に出るチャンスがまわってきた日のこと。収録ではしっかりと爪痕《つめあと》を残せたので、あとは放送日をウキウキ待つのみ。めでたく迎えた放送日に、残念なことにアルバイトのシフトを入れていたけれどばっちり録画予約をして、当日は、仕事をしながらも「今まさに、テレビでは俺の出た番組が流れているんだなー」とドキドキが止まらなかったらしいです。

そして、仕事が終わって、外に出る瞬間、「もうこのドアをあけたら、今までの世界とは違うんだ！　今までの俺とも違うんだ！」と胸が高鳴ったと。「テレビ見てた人から『今テレビ出てましたよね』とか言って、サイン求められちゃうんじゃない、俺」。にやけながら外に出て、街を歩くと、外の世界は、バイトに行く前と、まったく変わっておらず、もちろんサインも誰からも求められることはなかったということでした。彼はこの話にうまくオチをつけて笑い話にしていたけれど、私は、大ウケしながらも、胸のどこかが痛かったんです。それは、まったく同じ経験を、私も18歳の時にしているからです。

2歳の時から「作家になりたい」と言い続け、ずっと夢だった本がついに出ることが決まった時のこと。本の発売日前日は、夜も眠れぬほどに興奮しました。明日、大学に行ったら、もうすごいことになっちゃうんじゃないかと、妄想は止まりません。

「本、すごいじゃん！」と一体何人に声をかけられるだろう！　と想像しては、にやけ、意気揚々と家を出たのですが、大学についてみると昨日と何一つ変わらない今日があるだけ。ブログを見ている何人か……というかたぶん2人くらいが、「おめでとう」と言ってくれたけれど、その他の人は誰一人として私が本を出したことも知らなかったし、大学生協にも私の本は置いてもらえていなかったんです。

地元の本屋の隅っこに置かれた私の人生初の本は、一週間もたたないうちに売れないまま出版社に返本され、跡形もなくなっていました。最初の本は、お金にもならず、私を有名にもしてくれず、ただ、私の人生の中で「本を出した」ということだけで終わったんです。

十何年も抱えていた夢が叶ったわりに、あまりにもすべてがあっさりしすぎていました。**一瞬の達成の喜びが過ぎると、今までと同じ私が、元の世界にいるだけ。**取り巻く環境は何一つ変わらないまま私はその後も淡々と大学生活を過ごしました。その後、もっと長いスパンで見るといろいろと環境は変わったけれど、夢を叶えさえすれば、苦しみや孤独のない世界に行けるわけではなく、むしろ夢は、叶うたびに新たな苦しみと孤独を生みました。

何年も前に、スープストックトーキョー創業者の遠山正道さんの講演会に行ったことがあります。その時遠山さんが**「5年あれば、誰かにとっての世界を変えられる」**と言っていたのがとても印象的でした。スープを出すお店を日本につくりたいというアイディアをひらめいた遠山さんは海外に移住する女友達に「こういうお店をやりたい」と熱く夢を語ったそうです。5年後、帰国した彼女は遠山さんが話していた、夢のスープのお店が日本全国に本当にあるのを見て、すごく驚いたとか。

「違う世界に来たみたい」という彼女の言葉を聞いて、遠山さんは「5年あれば誰かにとっての世界って変えられるんだな」と思ったと言います。……もう何年も前の話だからディテールが間違っているかもしれないけれど、「5年あれば、誰かにとっての世界は変えられる」というフレーズは今も私の頭に強く刻まれています。このことは当時のブログにも書かれていて、それは偶然にも、今からほぼ5年前です。

この記事を書いた時の私は25歳で、「いつか旅をしながら小説やエッセイを書いて暮らしたい」と夢を見ながら、電通で働いていました。

それから5年後の今、その時に夢見ていた通りの生活をしています。30歳になった去年（2016年）は2月に、初めてのエッセイ本を出版でき、4月に初めての小説を発表し、今月、最後の関門だった純文学デビュー（「群像」での小説掲載）が叶いました。5年前に持っていた夢を、30歳のうちにきっちりと全部叶えきったんです。

でも、**私が夢を叶えたところで、世界はそんなに変わっていません。**これからも、どんなに夢を叶えたところでそこまで何も変えられない気もします。だけど、**私にとっての世界と誰かにとっての世界はきっと変えられているはず**なんです。そう信じることで、不安にくじけそうな時も気持ちを立て直せます。私に限らず、どんな仕事だって同じだと思うのです。顔も知らない誰かをちょっとだけ笑わせたり、誰かの生活をちょっとだけ便利にすることだって、一人の人間の生きている成果としてこれ以上ないほど尊い。自分の手によって生まれた笑顔や、便利さが、また別の誰かにとっての世界を変えるなら、それは人生を懸ける価値がある尊さだと私は信じています。

「夢を持っている」はそれだけでお金になる才能

ちょっと前まで、夢は叶えられる人のためのものでした。夢を持つってこと自体が大それたことで、夢が現実的であればあるほど、賢明な人だと思われていたように思います。

夢を聞かれた時に叶いそうな夢を言うなら常識人だし、逆に叶いそうもない夢を言う人は、ちょっと常識がないよね……そんな空気があったのではないでしょうか。

でも、時代は今この瞬間にもどんどん前に進んでいて、ちょっと前の常識がどんどん崩れてきています。

私が子供の頃は、夢を持つなんて大それたことでした。私は2歳の頃から作家になりたいと思っていましたが、小学生の頃に文集に書いた夢は「お菓子屋さん」です。なぜなら、「作家になりたい、本を出したい」という夢は、分不相応だと思ったから。

「本を出したい」なんて口に出すと、自分の価値を実態以上に高く見積もっている人だと思われると思ったんです。そして、それは恥ずかしいことだと子供ながらに思っていました。小学生ですでに空気を読みに読みまくっていたんですね。そして、周りの子が書いていた「お菓子屋さん」を自分も夢として書くことによって、常識人のふりをしていました。

ここでいう常識人とは、みんなと大きく違ったことをしない、ということです。

「夢は何？」と聞かれたら、叶いそうな夢を言う。それが暗黙の了解で、本当の夢ではなく、みんなが持っていそうな夢、大人がいいねと言ってくれそうな夢を言うクセが、いつのまにか身についてしまっていました。

でも、時代は変わりました。正確に言うと、今、変わろうとしています。今ちょうど過渡期というところで、ちょっと前の常識とこれからの常識が入り乱れている。**私たちはまさに、時代の変わり目、時代のツボにいる**んです。

新しい考え方と古い考え方で、まだちょっと古い考え方が優勢なのが今。だけどこれからはどんどん新しい考え方を支持する人が増えてきます。少なくとも私はそう信じています。新しい考え方の人たちがこれからの時代をつくる人であり、時代を引っ張る人です。

新しい考え方の人は、みんな、「ちょっと無理めな夢」を躊躇なく口に出します。

そうやって自分にプレッシャーをかけることで、背水の陣を敷き、自分を追い立て、人を巻き込み、自分の信じる未来を現実にしようとしています。

夢に挑戦するって、そういうことだと思います。

叶いそうな夢を実現させるのは少なくとも挑戦とは言いません。挑戦者がこれからは人を惹きつけます。みんな、こんな時代の中で夢を持っている人を信じたいし、応援したいと思っています。それがちょっと無理めな夢だったとしても、自分の夢を自分で否定しなくちゃいけない環境で育ったせいで、夢を持つことに慣れていない人たちにとっては、夢を持っている人はとっても魅力的に見える。だから、叶えられるかどうかはさておいて、夢を持っている人についていこうと思うんです。

「夢」はそれ自体が価値を持つ時代。**「夢を持っている」ことはそれだけで、才能です。**

私自身も、夢を持っていたおかげで、自分の味方を増やしてこられたように思います。もともと、学生時代から小説家を目指して文学賞に応募していた私は、ブログがきっかけで本を出すようになってからも自分のことを「作家」とは呼べずにいたし、一人前とも言えないと思っていました。

でも、「作家になりたい」と言いながら発信し続けていたら、その夢に共感して応援してくれる人がどんどん出てきたんです。

そしてその過程で、本だけではなく、ネットと紙を横断して発信することや、書くこと以外での表現や、読者さんと直接つながってコミュニケーションを取ることや、一緒に何かを企画することの楽しさを知り、夢が徐々に変わっていきました。

それまでは、文学賞を取って出版業界の人たちに認められることが自分の夢だと思っていたのですが、それは、これまでにすでに世の中にあった「作家としての成功の形」を摑みに行くだけ。もちろんそれだって立派な人生だし、到底成し遂げられることではないのですが、すでに形のあるものに自分の人生を合わせていくと、自分よりも能力の高い人との競争になる。だから、オリジナルの道を突き進んだほうが、自分にとっては有利なのではないかと考えを変えました。

人生の早いうちに、既定路線で認められなかったということは、運命が、あなたの道はそっちじゃないよ、と教えてくれているのかもしれません。

私が、夢だった小説集を出せたのは今年。31歳になった年です。早い人は10代からデビューしている文学界で、私はすでにものすごくハンデを負ってしまっています。けれど**このハンデを逆に生かすことが出来れば私の人生は逆転勝ちになる。**そのために、私は早く作家としてデビューしていたら出会わなかったであろう「インターネット」を、自分のやりたいことと掛け合わせようと決心しました。既定の作家の路線ではなく、オーダーメイドの自分だけの道をつくります。

「自分の強みを生かして、ネット時代の書き手として新たな作家の形をつくりたい」。これが今の私の夢です。

この本の原稿は、こうやって紙になる前にすべてｎｏｔｅというプラットフォームで発表していました。ｎｏｔｅはクリエーターと支援者をつなぐフォーム で、私はそこで、エッセイなどの文章を有料で公開しています。ここで、読者の方から出版社を介さずに受け取る印税収入が私の大きな活動資金源となっています。

フリーランスになって最初の数年は、何事も経験だという気持ちもあったし、収入面で不安だったので、書くことに関係のないお仕事も積極的に受けていました。けれど、ｎｏｔｅで文章を買ってもらえるようになってからは、お金で仕事を選ばずに、自分がやりたいかやりたくないかを基準に仕事を選べるようになりました。

ｎｏｔｅで一度公開した文章を出版社を介して紙の本にしてもらうこともあります。となると、ｎｏｔｅは紙の本になっていない、試し書きの場所ととらえることも出来ます。でも、その分リアルで、誤字脱字や、感情まかせの生の表現を読者にそのまま届けることが出来る。

完成形だけではなく、過程にもお金を払ってくれる人がいるんです。むしろ、**これからは夢を追う過程こそがエンタメになる**のではないでしょうか。

大人が自主的にやることはすべて楽しくなくちゃ

私の人生は、年々面白くなっていいます。このことを、学生時代の私に教えてあげたくてしかたありません。まだ何も経験していないうちから、絶望みたいなものしか感じずに生きていた私に「何言ってるの、あなたの人生はまだ始まっていないんだよ。これからどんどん面白くなるよ」と言いたくてたまりません。

大人になっていいことは、苦手を克服しなくてすむようになったことだと思います。**好きを磨き続ければ、仕事になる**ことがわかり、一日中本を読み、文章を書いていても誰にも何も文句を言われません。昔は、内向的で頑《かたく》なに外に出なかった私に向かって「外に行きなさい」とうるさく言っていた母も今は、私がパソコンに向かっていても、スマホを見ていても「お仕事中なのね」と勝手に思ってくれて「あんまり寝不足にならないようにね」と気遣ってくれます。私は毎日遊んでいるだけなのに。

もちろん、小説を書いている時や、本を出す直前は、しんどいことはしんどいのですが、部活のような気持ちですね。部活って大変だけど、大変なことが楽しいというか。授業との違いは無理やりやらされているかどうか。**自主的にやっているこ**

とって全部楽しいんです。

国語の教科書で無理やり読まされた物語に数年後、本で出会いなおしてみると「なんだ、こんなに面白い本だったのか！」と感動したりします。自主的にやるか強制的にやらされているかだけで、気分は変わってきます。メイクって面倒だと思うこともあるけど、好きな人とのデート前のメイクは、楽しくてたまらないんですよね。同じ行為でも目的によって全然気分が違う。仕事も一緒で、ゴールにわくわくすることが待ってると、目の前の作業も楽しくなります。なんにでも言えるけど、遊びだと思うと楽しいし、義務だと思うとつらい。義務教育はもう終わったのだから、**楽しいことで人生を埋めていかなくちゃ損**なのだと思っています。

おわりに

何か物事を始める時にはパワーが必要です。あなたが一瞬でも、感情の爆発のような熱を感じたら、その瞬間が一番の動き時です。**絶対にその瞬間を逃さないでください。**なぜなら、その一瞬はかけがえがなく、奇跡のような一瞬だから。

本文中にも、熱は一瞬だということを書きました。どんなに好きなことでも、熱やアイディアは雷のように一瞬しか自分のもとにおりてきてはくれません。鉄は熱いうちに打てというけれど、人の気持ちは鉄よりも冷めやすい。私も「この商品、すごく良かったからオススメ記事をブログに書こう」と一人で盛り上がった後、半日もたつともう面倒になってしまっていたりします。

感動は、じんじんとずっと心の中に居座ってくれるわけじゃありません。感動というのは瞬間に宿る。それを持続させられるかどうかは自分の力。**感動が続いているうちに行動しないと、感動をただ味わっただけで終わってしまいます。**行動に移すためにはまずは言葉にしないといけません。

感動した本も商品も映画もその場でＳＮＳに感想を書き込んだり誰かに話したりすれば、それが次の何かにつながります。最低でも、一度言葉にすることで、自分の記憶に定着するから、何かのきっかけでまた同じ感動を自分から引き出すことが出来ます。

「自分」を仕事にしていくのであれば誰かに言われなくても、結果が見えなくても、自分から行動を起こし継続する力が何より必要です。そのためには常にやる気を自分の心の中にともさなければなりません。それは時につらいことだけど、自分自身に何度も感動出来るチャンスでもあります。**自分に感動出来る人生**ってすごくわくわくしませんか？

感動を受けるだけではなく、感動を誰かに回す人になってください。

自分が受け取ったものを世の中に新たな形で返していき、回していく。それがたぶん「自分」を仕事にすることの正体だと思います。

この本が誰かの人生の起爆剤になり、誰かに感動が回るきっかけになることを祈っています。

２０１７年11月　はあちゅう

本書は、幻冬舎plus（http://www.gentosha.jp/）に２０１６年2月から２０１７年11月まで連載された「生き方を仕事にする方法」を一部下敷きにしたほぼ書き下ろしの作品です。

装丁　秋山具義（Dairy Fresh）
デザイン　長谷部果菜子（Dairy Fresh）
ＤＴＰ　美創
編集　竹村優子（幻冬舎）

はあちゅう

ブロガー・作家。1986年生まれ。慶應義塾大学法学部卒。在学中に友人と企画した期間限定ブログが1日47万PVを記録し、ブログ本を出版。卒業旅行は企業からスポンサーを募り、タダで世界一周を敢行した。卒業後は、電通のコピーライター、トレンダーズを経てフリーに。「ネット時代の新たな作家」をスローガンに、ネットと紙を中心に媒体を横断した発信を続ける。2017年には初の小説集『通りすがりのあなた』(講談社)を出版。その他の著書に『半径5メートルの野望』(講談社)、『言葉を使いこなして人生を変える』(大和書房)、『わたしは、なぜタダで70日間世界一周できたのか?』『かわいくおごられて気持ちよくおごる方法』(ともに幻冬舎)など多数。月額課金制個人マガジン「月刊はあちゅう」が好評。

ツイッター・インスタグラム:@ha_chu

月刊はあちゅう https://note.mu/ha_chu

「自分」を仕事にする生き方

2017年12月20日　第1刷発行

2019年5月25日　第4刷発行

著　者　はあちゅう

発行者　見城 徹

発行所　株式会社 幻冬舎

〒151-0051 東京都渋谷区千駄ヶ谷4-9-7

電話　03(5411)6211(編集)

03(5411)6222(営業)

振替　00120-8-767643

印刷・製本所　図書印刷株式会社

検印廃止

ISBN978-4-344-03229-3　C0095

幻冬舎ホームページアドレス　https://www.gentosha.co.jp/

この本に関するご意見・ご感想をメールでお寄せいただく場合は、comment@gentosha.co.jpまで。